POPETH AM GARIAD

...WEL, BRON!

addasiad
Bethan Gwanas

Gwasg
Gwynedd

ARDDEGAU

COR

Argraffiad Cymraeg cyntaf — Tachwedd 2001

ISBN 0 86074 185 0

Cyhoeddwyd gyntaf ym 1997 gan Scholastic Ltd,
Commonwealth House, 1–19 New Oxford Street,
Llundain WC1A 1NU, dan y teitl *Coping with Love*.

Cyhoeddwyd dan gynllun comisiynu Cyngor Llyfrau Cymru.
Dymuna'r cyhoeddwyr gydnabod cymorth Adrannau
Cyngor Llyfrau Cymru.

*Cyhoeddwyd ac argraffwyd
gan Wasg Gwynedd, Caernarfon, Gwynedd*

Cynnwys

Cyflwyniad

Cyflwynir y llyfr hwn i bawb sydd wedi caru,
sydd yn caru, sydd eisiau caru, neu sydd
jest yn y niwl.

Fe ddylai hynna gynnwys pawb, siawns.

Gair am gariad

Yn ôl y geiriadur: *anwyldeb, hoffter cryf, ymlyniad ffyddlon, serch naturiol rhwng y ddeuryw, cyfeillgarwch, brawdgarwch,* llwyth o stwff fel yna sydd ddim yn tanio'r dychymyg rhyw lawer, nac yn egluro fawr ddim. Felly dwi am roi cynnig arni:

Wel, i ddechrau cychwyn, mae ganddoch chi Gariad – yr enw – yr hyn rydach chi'n ei deimlo, ac wedyn mae ganddoch chi gariad neu gariadon (os ydach chi'n farus) sef y bobl rydach chi'n eu caru. Felly rhag ofn i ni ddrysu fan hyn, mi fydda i'n rhoi priflythyren i'r emosiwn 'Cariad' o hyn allan, a llythrennau bach i bob math arall.

'Y cwbl sydd ei angen yw Cariad,' 'Mae gen i Gariad' (smỳg) … 'Mae 'nghariad i'n Fenws' (braidd yn anodd cynnal perthynas os ydi o/hi ar blaned arall, tydi?) 'Cariad pur sydd fel y dur' – dyma ychydig o bethau mae pobol wedi ei ddweud am Gariad (cantorion a beirdd gan amla). Ond dwi ddim yn siŵr am yr un ola yna. Mae'n bosib mai fi sy'n ddwl, ond ers pryd mae 'na debygrwydd rhwng Cariad a dur? Stwff caled, oer, sy'n rhydu ydi dur.

O wel, efallai bod 'na elfennau o Gariad sy'n ymwneud â'r pethau yna, ond dwi'n amau rhywsut.

Help Llaw

Mi benderfynais yn eitha sydyn bod rhywbeth mawr fel Cariad yn bwnc rhy gymhleth i ddelio ag o ar ben fy hun bach (dwi ddim mor fach â hynny, ond dach chi'n gwybod be dwi'n ei feddwl), felly byddai'n rhaid cael tîm o bobl i'm helpu, criw o feddyliau craff sy'n arbenigo yn y pwnc.

Does 'na ddim llawer o bobl fel yna yn yr ardal hon, felly mi benderfynais ofyn i 'nghymdogion. Roedden nhw wrth eu boddau, ar ben eu digon, a dyma eu cyflwyno nhw i chi:

Doctor Doctor

Doctor ydi hwn (mae'n siŵr eich bod chi wedi gweithio hynna allan yn barod). Wel, a bod yn onest, cyn-feddyg – mae o wedi ymddeol ers sbel go dda a deud y gwir. Mae o yn ei nawdegau rŵan, ond yn ffit, bobol bach. A meddwl fel miniwr ganddo fo. Peidiwch byth â rhoi pensil iddo, mae'n eu cnoi'n yfflon cyn i chi droi rownd (fo sy'n gwneud y troi). Ond mae o'n gaffaeliad i'r tîm yn bendant, yn ennyn parch yn syth bìn ac yn cael parcio yn unrhyw le mae o'n dymuno (doedd

parcio ar ben car heddlu ddim cweit mor ddymunol, ond dyna fo). Un tro, mi lwyddodd i'n cael ni i mewn i'r sinema am hanner pris – ac mi gawson ni focs anferth o *Popcorn* am ddim! Ac, wrth gwrs, mae ei arbenigedd meddygol yn help mawr. Yr unig anfantais ydi bod ei ysgrifen o'n gwbl annealladwy.

Nyrs Nits

Pan mae chwain yn gweld hon yn dod, maen nhw'n rhedeg (wel, yn neidio) milltir (sy'n dipyn o bellter i chwannen pan dach chi'n meddwl am y peth). Mae hi'n bladres o ddynes. Dwi ddim yn siŵr be ydi 'pladres', ond dyna maen nhw'n ei ddweud yn yr ardal yma am ddynes fwy na'r cyffredin. Mae hi'n fwy na'r un dyn yn y sir. A deud y gwir, mi allai hi'n hawdd droi'n ddyn heb orfod talu ffortiwn am lawdriniaeth. Mae'r mwstásh ganddi'n barod, a'r breichiau.

Yn ystod ein cyfarfod cyntaf fel tîm, mi gyfaddefodd nad ydi Cariad yn beth diarth o gwbl iddi. Mi benderfynais dderbyn ei gair heb holi mwy. Doeddwn i ddim am fod yn ddigon hurt i ofyn am brawf o'r peth, yn rhannol oherwydd ei bod hi'n nyrs hyfforddedig ond hefyd oherwydd fod ganddi felt ddu mewn jiwdo. Mae'r straeon am ei 'ffordd' gyda chleifion yn chwedlonol. Dwi'n cymryd fod y stori amdani'n eistedd ar droed gwely rhyw hen foi, a'i gatapwltio drwy'r ffenest, yn gelwydd noeth. Dwi'n gobeithio ei fod o, o leia. Wedi'r cwbl, tydi rhywun ddim yn dod i'r ysbyty i fynd drwy ffenest o wydr dwbl ar wyth deg milltir yr awr yn gwisgo dim byd ond coban heb ben-ôl, hyd yn oed os ydach chi ar frys i adael. (Dwi'n gweld rŵan pam y gallai cael coban heb ben-ôl fod yn ddefnyddiol!)

Un rheol sydd gan Nyrs Nits mewn bywyd: os ydi o'n symud, rhowch bigiad iddo. O, ac os nad ydi o'n symud, rhowch iddo ddos anferthol o Ex-lax. Mae hi hefyd yn mynd yn flin os bydd rhywun yn meiddio anghytuno â hi, felly roedd y rhan fwya o'n cyfarfodydd yn rhai tawel tu hwnt, a phawb yn rhy nerfus i besychu, heb sôn am ddweud gair.

Un arall fyddai'n dod i'n cyfarfodydd yn achlysurol oedd Mrs Jones Ty'n Cornel, unwaith gafodd hi ei rhyddhau o'r ysbyty. Roedd hi'n ddefnyddiol iawn i'n cyfarfodydd ni oherwydd mai hi oedd yr unig un fu'n briod erioed. Doedd ganddi ddim llawer o bethau neis iawn i'w dweud am ei diweddar ŵr, ond roedden ni'n cymryd eu bod nhw wedi bod mewn Cariad unwaith. Ac mi fyddai'n annheg i mi sôn am yr achos llys, gan nad

MRS JONES

oedd 'na ddigon o dystiolaeth fforensig i brofi ai'r arsenic yn y treiffl laddodd o ai peidio.

Wel, gyda help y tîm, mi es ati i fynd ar ôl gwreiddiau, canghennau a ffrwythau Cariad. Ble mae o'n dechrau? Gafodd o ei fathu gan un o gyn-deidiau Einstein, neu ydi o'n rhan naturiol o'r bod dynol? I ateb y cwestiynau hyn, rhaid gwisgo ein welingtons a chamu i mewn i gorsydd y gorffennol pell. Felly ...

Yn y dechreuad...

Oedd y deinosoriaid yn gwybod am Gariad? Hynny yw,
y tu draw i'r pethau amlwg (fel caru
deinosoriad eraill). (Ac mae'n bosib nad
oedden nhw'n gwybod am yr ochr yna
o Gariad chwaith. Efallai mai dyna
pam y gwnaethon nhw ddarfod â
bod.) Oedd ganddyn nhw unrhyw
syniad be oedd Cariad? Yn sicr
fydden nhw ddim yn gwybod bod
Cariad fel dur, gan nad oedd
dur wedi

ei ddarganfod yr adeg hynny. Oedden nhw hyd yn oed
yn deall Cariad fel 'bod yn hoff o' fel 'bod yn hoff o ddail
i swper'? Oedden nhw'n meddwl: 'Wyddoch chi be,
dwi'n meddwl 'mod i'n llawer mwy hoff o ddail mawr
gwyrdd tywyll na dail bach gwyrdd golau'?

. Ac erbyn meddwl, oedden nhw'n gallu meddwl o
gwbl, neu oedden nhw'n taro mewn i goed a'u cegau'n
llydan agored? Chawn ni byth wybod. Yr unig beth sy'n

sicr am ddeinosoriaid ydi bod eu hymennydd yn ofnadwy o fach o'i gymharu â'u maint (oedd yn tueddu i fod yn wirioneddol anferthol) (oni bai eu bod nhw'n ddeinosoriad bychain, wrth gwrs). A dweud y gwir, roedd eu hymennydd tua'r un maint â chneuen. Mae'n anodd dychmygu unrhyw beth efo ymennydd maint cneuen yn gwybod unrhyw beth am Gariad, yn tydi? Oni bai fod ganddoch chi gyn-gariad sy'n gwrthbrofi hynny'n llwyr, wrth gwrs.

 OES Y CERRIG

Beth am y bobl gyntaf ar y ddaear? Wydden nhw unrhyw beth am y peth hynod gymhleth 'ma o'r enw Cariad? Neu ydach chi'n meddwl eu bod nhw wedi canolbwyntio ar ddyfeisio'r olwyn, a gadael y gweddill i rywun arall? Aha! Mae'n ddigon posib fod 'na gliw fan hyn. Mae'n naturiol iawn i fod dynol syrthio mewn Cariad â'u car. Neu eu beic. Neu unrhyw fath o gerbyd efo olwynion, yn y bôn. Ydi hyn yn golygu fod ein hynafiaid wedi creu'r olwyn ac yna wedi syrthio mewn Cariad efo hi'n syth bìn? Rhaid cyfadde nad oes prawf

bod pobl oes y cerrig yn addoli olwynion, a hynny oherwydd nad oes sôn am olwynion a chalonnau yn y graffiti adawon nhw mewn ogofâu, ond mae'n rhywbeth i'w gadw mewn cof.

Yn amlwg, roedd gan y dyn cynhanesyddol yr awydd dwfn sydd ynom i gyd i baru efo rhywun – cael babis, tynnu wynebau hurt arnyn nhw, gwneud iddyn nhw gystadlu yn Eisteddfod yr Urdd ac ati. Ond oedden nhw'n sylweddoli fod a wnelo hyn rywbeth â cariad? Mae'n siŵr eu bod nhw, ond bod ganddyn nhw eu gair eu hunain amdano. Rhywbeth fel 'Yg'. Ond efallai mai dyna be oedd yn dod o enau'r ferch cyn iddi lewygu ar ôl cael waldan ar ei phen efo pastwn. Mae 'na ddarluniau ogof sy'n profi mai dyma sut fyddai dynion oes y cerrig yn bachu cariad. Mae dynion wedi datblygu dulliau ychydig mwy cynnil erbyn hyn. Wel, mewn rhai ardaloedd o leia.

⚞ YR EIFFTIAID 🐈

Roedd yr Eifftiaid cynnar yn hoff iawn o gelfyddyd a phensaernïaeth. O, a chathod. Ac os oedd yna gath ar waith celfyddydol, roedden nhw'n berffaith hapus. Ac os oedd gan adeilad bedair ochr yn cyrraedd pig ar y pen a dim ffenestri, roedden nhw'n hapusach fyth. Ond cathod oedd y ffefryn mawr. Roedden nhw'n caru cathod gymaint, mi fydden nhw'n sgwennu amdanyn nhw dros y waliau i gyd. A doedd 'na neb yn dweud y drefn wrthyn nhw gan fod yr oedolion yn gwneud yr un peth yn union. Roedd eu sgrifen, sy'n cael ei nabod fel *hieroglyphics* (ac mae'r Saeson yn meddwl mai oherwydd ei fod o'n cyrraedd y nenfwd y cafodd ei alw'n hynny)

yn aml yn sôn am gathod. Mae 'na sôn bod Cymro anturus wedi cyrraedd yr Aifft a synnu at yr holl gathod rhyfedd yr olwg. Mae'n eitha posib mai o'i gynnig o ar graffiti hieroglyphaidd y daeth 'Pwsi meri mew, lle collaist ti dy flew?' Ond mae'n deg dweud bod yr Eifftiaid cynnar yn caru cathod yn fwy na'u hil eu hunain, ac efallai mai dyna pam y gwnaethon nhw ddarfod yn y diwedd.

Gyda llaw, mae'n werth nodi fod y Tsieineaid cynnar (yn enwedig y dynasti Ming) yn hoff iawn o botiau dal blodau (heb gathod arnyn nhw), ond mae'n anodd dweud ai Cariad oedd hyn, neu a oedden nhw'n bobl hynod ddarbodus oedd yn gwybod y dylid bod yn barod rhag ofn i rywun oedd yn eu caru dod â blodau iddyn nhw.

OES·Y·MARChOGION

A sôn am yrru blodau i rhywun, mae'n debyg mai'r oes fwyaf rhamantus erioed oedd y 13eg a'r 14eg ganrif, pan fyddai marchogion yn gwisgo pais ddur ac yn mynd o gwmpas y lle yn ymladd efo pobol (oedd yn meiddio cwestiynu pam fod dynion mor *macho* yn mynd o gwmpas mewn pais, mae'n debyg). Ond, gan amla, mi fydden nhw'n ymladd ar gyfer anrhydeddu neu ennill ffafr rhyw forwyn neu riain neu feinwen neu fun. (Dyma'r geiriau am ferched yr adeg hynny, doedden nhw ddim eto wedi meddwl am 'pishyn', 'croten', 'rhoces', 'bodan' na 'babe'!)

Doedd hi ddim yn hawdd ymladd mewn pais ddur. A dweud y gwir, roedd hi'n anodd iawn gwneud unrhyw beth ynddyn nhw, gan eu bod nhw'n pwyso tunnell. Ac erbyn meddwl, efallai bod y gair 'dur' yn arwyddocaol. 'Cariad pur sydd fel y dur ...' – cofio? Efallai mai o'r oes yma y daeth y dywediad hwnnw. Ond efallai ddim. Ond mae'n rhaid bod y marchogion yma mewn Cariad go iawn os oedden nhw'n mynnu profi eu hunain drwy garlamu at foi arall efo dim byd ond polyn tenau tair metr o hyd i'w hamddiffyn. Byddai gêm o darts wedi bod yn llawer mwy diogel.

Un o'r dynion mwyaf rhamantus erioed oedd y Brenin Arthur. Dyna i chi foi – os oedd o'n bod o gwbl, wrth gwrs. Ond roedd ganddo wraig hynod o brydferth – Gwenhwyfar. Yn anffodus, y broblem efo merched prydferth ydi bod pawb arall yn eu ffansïo nhw hefyd. Roedd Lawnslot wedi gwirioni efo hi, ac yn ymladd efo marchogion eraill drosti hi'n dragwyddol – hyd at angau gan amlaf. Dyma sut fyddai dynion yn treulio eu pnawn Sadwrn erstalwm, ac mi roedd o bron iawn mor frwnt â

phêl-droed neu rygbi. Beth bynnag, yr hyn fyddai'n digwydd fel arfer oedd bod Gwenhwyfar yn rhoi ei hances i Lawnslot er mwyn iddo ei chlymu ar ei fraich, i ddangos mai er ei mwyn hi roedd o'n ymladd. Mi fyddai hi'n rhoi hances lân iddo, wrth reswm, a dyna be oedd y darn anodd. Dach chi'n gweld, doedd na'm llawer ers iddi fod yn Oes y Rhew, felly roedd hi'n dal yn hynod oer bryd hynny, a byddai trwynau pawb yn rhedeg drwy'r amser. Doedd pais ddur yn dda i ddim i sychu'ch trwyn arni, oni bai eich bod chi eisiau torri eich trwyn i ffwrdd, wrth gwrs. Felly dyna pam ddyfeisiwyd yr hances. Doedd yna ddim llawer ohonyn nhw ar gael yr adeg hynny, ac roedden nhw'n costio ffortiwn. Ond roedd Gwenhwyfar yn frenhines, felly mae'n debyg y byddai ganddi hi gannoedd ohonyn nhw

18

– ond fiw i Lawnslot ddefnyddio un i chwythu'i drwyn.
Pan fyddai hi'n rhoi un iddo (hances, hynny yw),
arwydd o'i chariad hi oedd o, nid rhywbeth iddo ei
lenwi â stwff ych-a-fi o'i drwyn. A thrwy beidio chwythu
ei drwyn yn yr hances, byddai marchog yn gallu dangos
ei deimladau at ei feinwen neu, yn achos Lawnslot,
meinwen y brenin. Felly beth am Arthur? Onid oedd
o'n ei boeni fod Lawnslot yn ymladd dros (wel, nid
drosti yn llythrennol, mi fyddai hi led cae i ffwrdd gan
amlaf) ei wraig o drwy'r adeg? Wel, roedd o'n rhy brysur
i sylweddoli ar y dechrau. Mae gofalu am wlad yn joban
llawn amser. Mae'n debyg mai pan ofynnodd
Gwenhwyfar am bres i brynu mwy o hancesi y
dechreuodd o amau fod 'na ddrwg yn y caws. (A chan
nad oedd 'na drydan nac oergell bryd hynny, mi fyddai
caws yn aml yn ddrwg cyn i chi droi rownd.) Yn y

diwedd, mi gafodd Arthur a Lawnslot homar o ffrae ac mae'r gweddill yn hanes – neu'n chwedl o leia.

Wrth gwrs, tydi'r busnes triongl carwriaethol yma ddim yn beth prin mewn hanes. Dyna i chi Cleopatra, Mark Anthony a Chesar; Helen, Paris a Menelaus; Blodeuwedd, Lleu Llaw Gyffes a Gronw Pebr; Sali Mali, Jac y Jwc a'r Pry Bach Tew. Ond nid dyma'r unig agwedd o Gariad – o bell ffordd …

Oes Ffictoria

Roedd pobl Brydeinig Oes Ffictoria i gyd mewn Cariad efo'u brenhines. Ffictoria oedd ei henw hi, fel mae'n digwydd, sy'n dipyn o gyd-ddigwyddiad yn tydi? Beth bynnag, roedden nhw'n ei charu hi gymaint, allen nhw ddim peidio â rhoi anrhegion iddi bob whip stitsh, pethau fel anifeiliaid wedi'u stwffio, er enghraifft, ac India. A dweud y gwir, mi fydden nhw wedi rhoi'r byd i

gyd iddi hi, oni bai bod gwahanol rannau o'r byd eisiau
dal eu gafael ynddo, sydd yn swnio'n hunanol, ond eu
gwledydd nhw oedden nhw wedi'r cyfan. Rŵan, roedd
Fictoria yn caru ei gŵr yn arw – Almaenwr o'r enw
Albert oedd o, a phan fu o farw, mi ddechreuodd hi
wisgo ffrog ddu, a ffrog ddu fu hi'n ei gwisgo bob dydd
hyd at ei marwolaeth hithau (nid yr un ffrog, wrth
reswm, mi fyddai hynny wedi bod yn ddigon i ladd
unrhyw un). Ac oherwydd bod pawb yn caru Fictoria,
mi ddechreuon nhw wisgo du hefyd. Felly roedd 'na
filiynau o bobl yn mynd o gwmpas y lle yn ddyddiol, i
gyd yn gwisgo du. Fel y gallwch chi ddychmygu, roedd
hyn yn gallu bod yn ddryslyd iawn – mi fyddech chi'n
gweld rhywun cyfarwydd ac yn mynd atyn nhw a rhoi
pinsiad go dda i'w penolau (fel y bydd rhywun, yntê),
ond pan fydden nhw'n troi rownd, mi fyddech chi'n
sylweddoli nad oeddech chi'n eu nabod wedi'r cwbl.
Rhywun cwbl ddieithr i chi fydden nhw, yn gwisgo du
o'u corun i'w sawdl (ar wahân i gylch bach fflamgoch ar
un boch tin). Dyna pam y penderfynodd pobl Oes
Fictoria wahardd pinsio penolau a phob math o
weithgarwch tebyg. Ac felly, pan fyddwch chi'n clywed
pobl yn sôn am werthoedd Oes Fictoria, mi fyddwch
chi'n gwybod beth mae hynny'n ei feddwl: llond gwlad

21

o anifeiliaid wedi'u stwffio, a dim pinsio penolau. A hyn oll oherwydd Cariad.

Ond doedd y drefn yma ddim wedi cyrraedd pob rhan o Gymru. Roedd ein cyn-deidiau ni'n dal i fflyrtio'n arw, yn enwedig mewn ffair. Dyna pryd fyddai gweision fferm yn trefnu gwaith ar gyfer y tymor nesaf, ac yn cael tâl o swllt gan y cyflogwr newydd. Yn aml, mi fyddai'r hogia yn defnyddio'r swllt i brynu 'ffeirin' – sef anrheg i'w cariadon – rhywbeth fel afal, cacen neu hances (mae'r busnes hancesi 'ma'n un rhyfedd, tydi? Ond dyna fo, mae Cymru'n wlad reit oer a gwlyb). Ac os oedd y ferch yn derbyn y ffeirin, dyna fo, roedd y boi wedi bachu – i fod. Ond byddai ambell ferch oedd yn hoff iawn o gacennau, neu â choblyn o annwyd trwm, yn derbyn ffeirin gan fwy nag un bachgen. Wedyn, mewn trefi fel y Bala, mi fyddai'r parau ifanc yn mynd i'r dafarn i fflyrtio mwy. Yn aml iawn, mi fyddai 'na ymladd gwyllt wedyn (hogia wedi meddwi isio'u ffeirin yn ôl, neu rywbeth) a'r stryd yn lle peryg ofnadwy. Rhyfedd ... dyw pethau heb newid rhyw lawer. Wel, yn y Bala o leia.

Arferiad arall oedd 'mynd i gnocio'. Y bechgyn, eto, oedd yn gorfod gwneud y gwaith caled, sef cerdded milltiroedd dros fynyddoedd a chorsydd i dŷ'r ferch roedden nhw'n ei ffansïo. Wedyn, a hwythau'n fwd i gyd, ac wedi blino'n rhacs, roedden nhw'n gorfod gweithio allan pa un oedd ffenest y ferch er mwyn taflu cerrig ati (y ffenest, nid y ferch). Os oedden nhw'n cael y ffenest gywir, mi fydden nhw'n cael sgwrs eitha tebyg i un Romeo a Juliet, ond ddim cweit mor farddonol o bosib. Os oedden nhw'n taro ffenest y rhieni, roedden nhw'n gorfod rhedeg fel ffyliaid cyn i'r cŵn eu rhwygo nhw'n ddarnau mân. A dwi'n cofio fy Hen Ddewyrth Sei yn sôn amdano'n cael ffit un noson pan oedd o ar ganol sgwrs efo'i Anwylyd. Yn sydyn, agorodd y tad ddrws y tŷ, ac mi neidiodd Hen Ddewyrth Sei i mewn i'r gwrych. Ond yna, mi ddalltodd pam fod y tad wedi dod allan. Doedd 'na ddim tŷ bach yn y tŷ, ac roedd o'n amlwg yn rhy ddiog i fynd at y tŷ bach yng ngwaelod yr ardd ... do, mi gafodd Hen Ddewyrth Sei gawod, ond doedd fiw iddo ddweud gair drwy'r cwbl. Felly, fechgyn, peidiwch â chwyno bod bachu cariad yn anodd. Mae'n haws o beth coblyn y dyddiau hyn!

Agweddau o gariad

Ydi, mae Cariad yn gymhleth tu hwnt oherwydd ei fod yn bodoli mewn cymaint o siapiau gwahanol, o bob lliw a llun (pinc gan amlaf am ryw reswm. Mwy am hynny nes ymlaen – os gofia i). Felly, wedi oriau o gnoi pensiliau a rhythu ar y nenfwd, penderfynodd y tîm a minnau mai'r unig ffordd i ddelio â Chariad yn blwmp ac yn blaen, a'i daro ar ei ben, oedd ei dorri i lawr i wahanol agweddau a gweld sut hwyl fydden ni'n ei gael arni felly.

Dechrau Brwdfrydig

Bydd pobl yn aml yn disgrifio rhywbeth fel 'fy nghariad pennaf'.

'Cymerwch fy mab, Idwal,' meddai Mrs Jones, Ty'n Cornel, gan anghofio bod yr heddlu eisoes wedi gwneud hynny y bore hwnnw, 'mae o'n byw am bêl-droed.'

Aha! Rŵan rydan ni'n dod yn nes ati. Mae Cariad at chwaraeon – rygbi a phêl-droed yn arbennig – yn agwedd gyfarwydd iawn o Gariad. Mae Cariad at rygbi yn beth digon naturiol, gan mai ein gêm genedlaethol ni ydi hi, hyd yn oed os ydi Lloegr wastad yn ein curo ni. Mae Cariad at bêl-droed yn beth mwy Prydeinig, ond mae gweddill y byd yn well na holl wledydd Prydain yn y maes yma hefyd. Ond sut mae'r agwedd yma o Gariad yn ei hamlygu ei hun? Fe benderfynon ni yrru cynrychiolydd i'r cae rygbi agosaf i geisio cael hyd i'r gwirionedd. Wedi trafodaeth hynod ddemocrataidd, dewiswyd Nyrs Nits i'n cynrychioli. Y teimlad oedd mai hi fyddai'n gallu ymdoddi orau i mewn i'r dorf heb edrych allan o le. (Mi ddywedodd hefyd y byddai'n malu pob asgwrn oedd gennym petaen ni ddim yn gadael iddi fynd.) Isod, fe welwch addasiad o ffrwyth ei hymchwil. (Mater o raid oedd addasu: mae ganddi Gariad at iaith ond, yn anffodus, ychydig iawn ohono sy'n weddus i'w roi mewn print.) O, gyda llaw, mi aeth i weld gêm rygbi a gêm bêl-droed i wneud yn siŵr o'i ffeithiau, a phenderfynodd nad oes yna lawer o wahaniaeth, dim ond bod chwaraewyr rygbi yn tueddu i fod yn drymach a bod llai o ddannedd yn eu pennau.

'Mad am' Rygbi/Ffwtbol

Yn ôl ymchwil Nyrs Nits, mae Cariad go-iawn at rygbi a phêl-droed yn ei amlygu ei hun mewn dwy ffordd: angerdd at chwarae'r gêm, ac angerdd at ei gwylio.

Y Chwaraewr/wraig.
Mae'r gêr diweddara i gyd ganddyn nhw. Allwch chi ddim chwarae unrhyw gêm yn iawn yn eich dillad isaf a phâr o welingtons. Wrth gwrs, wnaiff gwisgo'r pâr drutaf o sgidiau rygbi ddim eich gwneud yn well chwaraewr, ond mae'r offer cywir yn arwydd o obsesiwn. Ac, yn sicr, obsesiwn ydi'r math yma o Gariad. Mae'r rhain yn gwybod y rheolau tu chwith allan ac, yn achos y chwaraewyr rygbi, mae eu trwynau'n gam, eu clustiau

25

fel gwrychoedd, ac mae hanner eu dannedd ar goll. A dim ond y merched yw'r rheini! Mae'r pêl-droedwyr yn tueddu i fod yn deneuach, efo traed gwirioneddol hyll a'r gallu i actio fel petaen nhw ar fin marw, a'r gallu i grio ar ddim. Ond o leia mae'r chwaraewyr yn gallu chwarae'r gêm, o fath. Yn wahanol i:

Y Cefnogwr/wraig

Un peth sy'n waeth na'r chwaraewr rygbi/pêl-droed gwallgof, a hwnnw ydi'r cefnogwr gwallgof. Unwaith eto, maen nhw'n rhoi pwyslais mawr ar fod yn berchen y gêr i gyd. Mae'n siŵr eich bod wedi ymweld â siop sy'n bodoli er budd cefnogwyr chwaraeon, felly mi fyddwch yn gwybod yn fras beth sydd gen i dan sylw, yn enwedig cefnogwyr pêl-droed: mynyddoedd o grysau chwys o ansawdd gwael, a sgarffiau a chapiau gwlân gyda bathodyn y clwb arnyn nhw. Wedyn mae ganddoch chi'r waledi, pensiliau, rwberi, a miloedd o fŷgs. Ac mae pwy bynnag sy'n fodlon gwario cymaint ar nwyddau mor rhad yn haeddu cael eu galw'n fŷg. Ond, erbyn meddwl, oni bai fod y cefnogwyr yn prynu gwerth miliynau o gêr, fyddai unrhyw dîm pêl-droed yn gallu fforddio y math o chwaraewyr drudfawr maen nhw eu hangen i gystadlu? Mae rhywun yn amau. Mae yna rywbeth mawr o'i le ar fesur gwerth Ryan Giggs yn nhermau pensiliau a mŷgs, ond dyna ydi o yn y bôn. Heb y cefnogwyr hurt o frwd a'u Cariad at y gêm, fyddai yna ddim sêr o chwaraewyr.

A dweud y gwir, mae'n bosib na fyddai'r gêm ei hun yn bod hyd yn oed. A heb eu hoff gêm, mi fyddai'r chwaraewyr ar goll yn llwyr. Fe allai hyn fod o help mawr i bawb arall, wrth gwrs. Ond, wedi dweud hynny, mae yna gysylltiad rhwng y gwahanol agweddau o Gariad.

Canu'r dydd a charu'r nos
Mae cerddoriaeth yn chwarae rhan bwysig iawn yng nghelfyddyd chwaraeon. Yn aml, atgyfnerthir eiliad o ddrama pur ar y cae gan ffrwydrad o sosbenni ar dân, 'Hen Wlad fy Nhadau'. (Wel, dyna fyddai'n digwydd ers talwm. Rydan ni'n fwy tebygol o glywed 'Wa-ales, Wa-ales' hynod undonog ac angherddorol bellach neu 47 pennill o 'Here we go, here we go, here we go'.) Rydym yn dal i ddisgwyl clywed lle allai 20,000 o gefnogwyr pêl-droed, wedi'u gwasgu efo'i gilydd fel sardîns mewn tun, fynd iddo'n union. Ond pwy sy'n poeni? Mae clybiau rygbi'r de bellach yn chwarae cerddoriaeth yn hynod uchel pan fydd eu timau'n rhedeg allan ar y cae, neu pan fydd rhywun yn sgorio.

Ond dyw dylanwad cerddoriaeth ddim yn gorffen yn y fan yna. Mae cerddoriaeth yn chwarae rhan bwysig ym mywydau'r rhan fwyaf ohonon ni.

Nid y miwsig yn unig chwaith, ond y sawl sy'n ei greu, pob dim amdanyn nhw – mae'n grefydd, bron â bod, i lawer iawn o bobl. Ond mi fydda i'n delio gyda hyn yn fwy manwl o dan 'ffan' yn y rhan A-Y. Na! Peidiwch â mynd i sbio rŵan y munud 'ma! Mae geiriau a cherddoriaeth yn rhan hanfodol o'r agwedd yma o Gariad, fel yn achos:

Y Cariad na Fentraf ei Enwi

Neu, mewn geiriau eraill, gwylio trenau. ('Train spotting' yn Saesneg, ond mae 'sbotio trenau' yn swnio fel petaech chi'n mynd i beintio smotiau mawr amryliw dros yr injan agosaf.) Mae ceisio gweithio allan sut y gall unrhyw un deimlo ymlyniad ffyddlon neu frawdgarwch at wylio trenau, y tu hwnt i mi. Iawn, mae gwylio trenau er mwyn gweld a wnân nhw gyrraedd lle maen nhw fod

i fynd, yn gwneud ychydig o synnwyr. A dweud y gwir, petaech chi'n gwneud joban dda ohoni, fe allech chi godi tâl ar bobl am gyngor teithiol. Ond sefyll ar blatfform yn dweud 'W! Edrychwch – trên' ... na ... mae'n ddrwg gen i. Methu ei weld o fy hun. Ond mae pobl yn ei wneud o – hyd at syrffed – mae'n obsesiwn. Iawn, does dim rhaid i Gariad fod yn obsesiwn, ond dwi'n credu, erbyn diwedd y llyfr, y byddwn ni wedi dod i'r casgliad mai dyma'r gwirionedd yn aml iawn. Dyna'r sefyllfa gyda gwylio trenau, beth bynnag.

Pawb at y Peth y Bo

Ro'n i yn y caffi yn y dre pan sylwais i fod Jo bach, y gwallgofddyn trist ond hapus (trist oherwydd ei fod yn wallgof, hapus oherwydd nad oedd o'n gwybod ei fod o'n wallgof. Dwi'n gwybod fod hyn yn swnio'n hurt, ond dyna beth ydi bod yn wallgof yntê ...) yn sibrwd geiriau o serch wrth fy mwrdd coffi. Nid wrth ymyl y bwrdd, ond i'r bwrdd. Dach chi efo fi? Wedyn mi ddechreuodd serenêdio'r bwrdd drwy ganu'r hen faled honno gan Elvis Presley: 'I don't have a wooden heart' – oedd yn berffaith wir, wrth gwrs, ond roedd pob dim am y bwrdd yn bren. A dyna pryd y sylweddolais i pa mor nerthol y gall Cariad fod. Hyd yn oed pan mae testun eich serch yn ddarn o bren. Neu'n anifail.

Ie! Anifeiliaid! Pam fod rhai pobl yn rhoi cymaint o sylw i'w hanifeiliaid anwes? Cŵn, er enghraifft. Pam fod pobl yn dod adref o'r gwaith ac yn cyfarch eu cŵn fel petai'r pethau blewog, drewllyd, yn berthynas hir-anghofiedig-newydd-ennill-y-loteri? Ond dyma'n union maen nhw'n ei wneud. Maen nhw hyd yn oed yn cusanu eu cŵn. Maen nhw hyd yn oed yn gadael i'r cŵn eu cusanu'n ôl, er gwaetha'r ffaith eu bod nhw'n gwybod fod yr union gi newydd fod yn llyfu ei hun yn rhywle preifat, (ac nid sôn am ei fasged yr ydw i chwaith) gan ddefnyddio ei dafod fel gwlanen molchi a'i boer fel sebon. Hyfryd!

Ond dyna'r peth gyda Chariad – mae'n gwneud i ni wneud pethau na fydden ni byth bythoedd yn eu gwneud fel arfer. Gadewch i ni fod yn onest, fyddech chi'n cusanu Modryb Carys (yr un efo mwstásh) petaech chi ddim yn ei charu? Na fyddech, debyg iawn. Iawn, efallai ei bod hi'n enghraifft anffodus. Efallai nad 'Cariad' oedd yn eich gyrru yn yr achos yna, ond y ffaith

bod eich rhieni wedi bygwth uffern arnoch chi cyn iddi alw. Ond ydach chi'n gweld fy mhwynt i? Da iawn.

Wrth gwrs, dyw'r agwedd neilltuol yma o Gariad ddim bob amser yn cael ei gwastraffu ar gŵn afiach a pherthnasau mwy afiach fyth. Yn aml, mae'n rhywbeth gwirioneddol ddwys a phersonol sy'n eich cysylltu â rhywbeth cwbl ddifywyd (nid difywyd fel yn achos Modryb Carys, ond di-*fywyd*, sef heb fod yn fyw). Sôn yr ydw i fan hyn am bethau bach fflyffi fel teganau, darnau o flanced, hoff siwmperi. Oes ganddoch chi hoff ddilledyn? Dach chi'n gwybod y math o beth sydd gen i mewn golwg – rydach chi'n ei wisgo, a does dim ots sut

dymer rydach chi ynddo, dim ots faint o sbwriel mae'r byd wedi bod yn ei daflu atoch chi, yn sydyn, rydach chi'n teimlo'n hapus a bodlon. Iawn, mae o'n dyllau i gyd, mae'n drewi fel hen fresych a rydach chi wedi gorfod ei achub rhag y ci (a rhag mam sydd eisiau ei daflu i'r bin neu wneud dystars ohono) sawl gwaith, ond mae 'na ryw hud yn perthyn iddo. Efallai y bu ganddoch chi ddilledyn o'r fath, ond ei fod wedi rhwygo'n ddarnau yn y diwedd. Mae hyn yn digwydd. Cyn sicred â bod nos yn dilyn dydd a 're' yn dilyn 'do', mae pob hoff ddilledyn yn mynd i'r flanced sicrwydd fawr yna yn yr awyr yn y diwedd. Oherwydd mai dyna'n union be ydyn nhw – blancedi sicrwydd. Ac (yn amlach na pheidio) yn cynrychioli rhywbeth neu rywun arall. O ydi mae o! Ond be? Cwestiwn da. Be wn i? Pryd wnaethoch chi ddarganfod y flanced sicrwydd yma gyntaf? Yn syth wedi i chi ddeall mai pyped llaw oedd Wcw/Rwth yr Hwch? Wedi i'r plant drws nesa ddweud y gwir am Siôn Corn? Wedi i'ch ffrind gorau symud i ben arall y wlad? Dach chi'n gweld, dyma'r broblem gydag anifeiliaid anwes neu flancedi sicrwydd. Allwch chi byth fod yn siŵr a ydach chi wirioneddol yn eu caru am yr hyn ydyn nhw, neu a ydyn nhw'n cynrychioli rhywbeth (neu rywun) arall.

Er enghraifft, ro'n i'n arfer caru fy meic. Mae'n siŵr eich bod chithau'n caru eich beic chithau, ond os nad oes ganddoch chi feic, mae'n beryg nad ydach chi. Ond ro'n i'n addoli f'un i. Mi fydden ni'n mynd i bobman efo'n gilydd. Wel, pobman efo llwybr o ryw fath, beth bynnag. (Llwybr oedd yn mynd i rywle ro'n i am fynd, wrth reswm. Er ein bod ni'n agos, fi oedd yn gwneud y penderfyniadau.) Fydden ni byth ar wahân. Hyd yn oed pan fyddwn i'n cael codwm, byddai'r beic yn dod efo mi – dyna pa mor agos oedden ni. Allwn i ddim dychmygu diwrnod heb fy meic. Roedd y fath syniad yn anfeddwladwy. Nes i mi ddarganfod sgwters – sgwters modur, hynny yw.

Dach chi'n gweld, y peth am sgwters ydi nad oes raid i chi bedlo. Dim ond i chi roi petrol yn y tanc (dyw rhoi petrol y tu ôl i'ch clustiau ddim yn llawer o help), mi allwch chi fynd i unrhyw le. Cyn belled â'ch bod chi'n cofio llywio. Dyrnu mynd ar hyd y ffordd, y gwynt yn fy ngwallt a'r pryfed yn fy nannedd, allwn i ddim credu 'mod i wedi teimlo mor gryf am feic. Beic? Hy! Sgwter oedd y boi i mi. Nes i mi fynd ar gefn moto-beic Suzuki 125 fy nhad.

Sgwters? Ha! Pethau bach pathetic, sigledig! Un awel ysgafn ac mi fydden nhw'n troi drosodd! Sut yn y byd mae pobl yn gallu honni eu bod nhw'n hwyl?! Na, moto-beics ydi'r peth. Mae hyd yn oed yr enwau'n codi cynnwrf: Norton, Harley Davidson, Suzuki, Yamaha – neu ai organ ydi hwnna? Beth bynnag, cyn belled â 'mod i yn y cwestiwn, fe allech chi gymryd y sgwter a'i stwffio. I mewn i'r sièd feics. Efo'r beic. O hyn allan, mi fyddwn i'n tynnu'n ôl ar y throtl, yn cicio mewn i gêr ac yn hedfan i ffwrdd i … aros funud! Pwy ydi'r pishyn yna fan'cw?!

Ydi, mae moto-beic yn gallu bod yn ddirprwy ar gyfer rhywbeth llawer mwy dynol. Yr un peth â'r tedi bêr, yr

hoff ddilledyn – hyd yn oed anifail anwes. Neu fwrdd coffi. O diar. Dwi'n meddwl fod Jo Bach a'r bwrdd coffi ar eu ffordd i Gretna Green …

Caru ar Ddu a Gwyn

Er gwaetha'r hyn ddigwyddodd i ŵr Mrs Jones Ty'n Cornel, mae hi'n rhamantydd pur. Mae serch a rhamant yn ddwfn yn ei henaid. Wel, mae 'na nofel flêr yn ddwfn ym mhoced ei ffedog hi'n dragwyddol. A dyna lle mae llawer ohonon ni'n darganfod rhamant, yntê? Rhwng cloriau nofelau rhamantus. Wel, nes y byddwn ni wedi cael gafael ar Gariad o gig a gwaed. Ond pam?

'Oherwydd ei fod o'n llawer mwy trefnus na'r stwff go iawn,' cynigiodd Nyrs Nits, a dim ond wrth edrych arni, roedd hi'n amlwg fod hyn, yn ei hachos hi, yn berffaith gywir.

'Dach chi'n gwybod lle rydach chi gyda nofel ramantus,' meddai Mrs Jones. 'Maen nhw'n gosod y patrwm, deud sut y dylai rhamant fod.' Pam fod rhywbeth yn dweud wrtha i fod y diweddar Mr Jones heb ddarllen yr un llyfrau â'i wraig?

'Rydach chi yn llygad eich lle, ferched,' meddai Doctor Doctor, yn bennaf oherwydd ei fod o wedi sylweddoli nad oedd o wedi dweud gair ers sawl tudalen. Ond roedden nhw'n iawn. Mae llyfrau serch yn llawer mwy diogel na'r busnes go iawn. Mi allwch chi fwynhau'r teimladau mae Cariad yn eu creu, ond os ydi pob dim yn edrych fel pe bai o'n mynd ar i lawr, mi allwch chi ei roi o'ch llaw a dechrau un o nofelau Stephen King neu Dyfed Edwards yn lle. A dyna pam fod nofelau rhamantus mor boblogaidd, oherwydd eu bod nhw'n llawn hyd at yr ymylon o serch a rhamant, a diweddglo hapus. Cymerwch Barbara Cartland. Iawn ta, peidiwch; jest ystyriwch hi. Mi sgrifennodd hi gannoedd o bethau, rhwng bod yn lys-nain i'r Dywysoges Diana a gwisgo fel blymónj deg tunnell.

Dyw ei harwyr a'i harwresau hi byth yn bishyns handi a 'chŵl' sy'n gwneud i'ch penliniau chi droi'n bwdin bob tro dach chi'n eu gweld nhw, ond maen nhw'n olygus a chwrtais, neu'n brydferth a phur. Maen nhw wastad yn syrthio mewn Cariad (efo'i gilydd) ac yn priodi, ac yna, wel, mae'r llyfr yn dod i ben, yn y bôn.

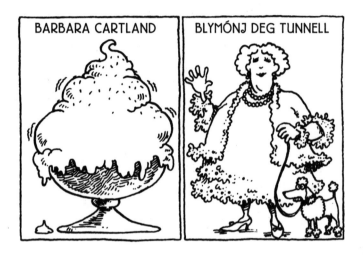

BARBARA CARTLAND BLYMÓNJ DEG TUNNELL

Gyda diweddglo hapus, wrth gwrs. Does yna ddim lle i unrhyw beth annifyr ynghanol rhyddiaith ramantus Cartland.

Ond cyn i chi frysio i brynu llond silffoedd o ffuglen ramantus, gadewch i mi nodi nad ydyn nhw bob amser yn flodau a phersawr o'r dechrau i'r diwedd. Yn achlysurol, mae ein harwyr/harwresau yn cael eu gwasgu drwy'r mangl. Dyna i chi Thomas Hardy, er enghraifft. Mi wnaeth o ei ffortiwn allan o ddioddefaint pobl eraill. Wel, dioddefaint y cymeriadau yn ei lyfrau beth bynnag. Mae'r stori arferol yn mynd rhywbeth fel hyn:

Mae 'na arwres ifanc sydd erioed wedi cyfarfod ei rhieni. Mae hynna'n gwbl amhosib i ddechrau cychwyn. Efallai nad oedd hi wedi cyfarfod ei thad, ond byddai ei mam yn siŵr o fod wedi bod yn y cyffiniau pan gafodd hi ei geni. Ond nofel sydd fan hyn, nid bywyd go iawn, felly doedd hi heb gyfarfod ei rhieni, na'u hadnabod mewn unrhyw ffordd. Gan amlaf, mae yna si bod ei thad yn rhywun pwysig – Arglwydd Rhywunneu'igilydd. (Mae ganddyn nhw wastad enwau od.) Ta waeth, mae ein harwres yn cyrraedd tref ddieithr ac, yn syth, mae'r trigolion yn amheus ohoni. Cofiwch fod y llyfrau hyn wastad wedi eu lleoli mewn rhannau anghysbell o orllewin Lloegr, lle mae fan hufen iâ yn gyrru dros saith milltir yr awr yn cael ei ystyried fel gweithred y Diafol.

Beth bynnag, mewn dim o dro, mae ein harwres wedi mopio'i phen efo'r sgweiar ifanc. Wel, a bod yn onest, mae'n cymryd 48 pennod, ond mae hynny'n garwriaeth dros nos yn ôl safonau'r hen Hardy! Mae hyn yn Gariad pur (un o'r pethau 'fel y dur' 'ma) ond, gan nad ydan ni wedi trafod hynny eto, awn ni ddim i ormod o fanylder fan hyn. Ddrwg iawn gen i! A deud y gwir, does 'na fawr o bwynt oherwydd nad ydi Hardy yn mynd iddi'n fanwl chwaith. Mae ganddo fo lawer mwy o ddiddordeb yn y josgin annwyl ond dwl sy'n edmygu (h.y. caru'n angerddol) ein harwres o bell.

Mae'n debyg y byddai'r josgin yma yn gwneud unrhyw beth er mwyn ein harwres – dyna mae o'n ddeud, beth bynnag – llifio ei fraich dde i ffwrdd, barcuta (hang-gleidio i chi a fi) i'r lleuad, unrhyw beth. Peth cwbl amhosib eto fyth: allai neb lifio ei fraich dde i ffwrdd ac yna barcuta. Ar wahân i'r ffaith fod angen dwy law i farcuta, byddai colli'r holl waed yn ddigon i'ch rhwystro chi rhag pigo eich trwyn, heb sôn am farcuta. Ond, fel y soniais i eisoes, doedd Hardy ddim yn un am ffeithiau. Rhamant oedd ei bethau o.

36

Lle ro'n i? O ia, mae'r josg yn caru'r arwres, ac mae hithau'n ei 'garu' o, mewn ffordd. Ond yn y ffordd y byddech chi'n caru ci neu hoff degan. Fe allai hi feddwl mai bwrdd coffi ydi o. Y pwynt ydi, mae o'n ei charu hi, ond dim ond yn hoff iawn iawn ohono fo ydi hi. Fel'na mae bywyd weithiau. Ta waeth, y cwbl all y josgin ei wneud yw gwylio'n ddiymadferth tra mae'r sgweiar – sydd yn dipyn o un efo'r merched – yn gwneud llanast o fywyd ein harwres, a'i gwallt, yna'n torri ei chalon yn ddarnau mân. Rŵan, dwi ddim yn gwybod os ydach chi wedi rhoi cynnig ar godi darnau o galon sydd wedi malu'n rhacs, ond tydi o ddim yn hawdd. Mae o hyd yn oed yn fwy anodd na chodi pysgodyn gwlyb. Beth bynnag, all y josgin druan ddim dioddef gweld ei Gariad yn dioddef fel hyn, felly mae'n rhedeg i ffwrdd i fod yn llongwr ar y moroedd pell. Pam? Be wn i! Dyna maen nhw'n ei wneud bob tro. Yna, flynyddoedd yn ddiweddarach, pan mae ein harwres yn hen iawn, iawn ond yn dal yn dlws (neu mi fydd hi pan fyddan nhw'n gwneud fersiwn ffilm o'r llyfr) mi fydd hi'n sylweddoli'n sydyn fod y josgin yn siwgr candi annwyl, a'r sgweiar yn fochyn dan-din, ac mai'r josgin roedd hi'n ei garu drwy'r adeg, nid y sgweiar, ond ei bod hi heb sylweddoli hyn. Tan rŵan. Wrth gwrs, dyw hyn ddim yn syndod o gwbl i'r darllenydd, sydd wedi sylweddoli hyn ers tudalen un, ond wedi dal ati i ddarllen am ryw reswm sy'n ddirgelwch pur hyd heddiw.

Mae 'na lyfrau Cymraeg digon tebyg, ond fod bywyd hyd yn oed yn fwy tywyll ac anodd, ar wahân i pan maen nhw'n hel llus, ac o leia un person yn dal dig am byth, neu'n diodde o salwch meddwl. Fel stwff Hardy yn y bôn, ond efo hoelion chwe modfedd yn y mangl.

Cylchgronau

Dyw straeon serch y cylchgronau fawr gwell. Ar wahân
i unrhyw beth arall, maen nhw'n gwneud i chi ddisgwyl
i Gariad, pan mae'n eich taro fel gordd, fod yn rhywbeth
bendigedig, anhygoel (sy'n wir), a hollol syml (sy'n
hollol, gwbl anghywir, allan ohoni yn llwyr, mêt!). Er
enghraifft, dyma'r stori arferol: stynar o ferch yn
cyfarfod hŷnc o foi, mae o'n gofyn iddi hi am ddêt ac
mae hi'n cytuno, (neu'r ffordd arall rownd), maen nhw'n
syrthio mewn Cariad dros nos ac yn byw'n hapus byth
wedyn. A does 'na ddim byd o gwbl yn difetha'r
garwriaeth fach hapus. Ddim hyd yn oed y ffaith fod
ganddi hi ffrind cenfigennus, ac yntau â ffrind gorau
sydd hyd yn oed yn fwy o bishyn na fo, na'r ffaith eu bod
nhw allan o ffocws ymhob ffrâm – dim. Yr unig straeon-
lluniau sy'n weddol agos at y gwir yw'r rhai ar y dudalen

broblemau. Yn un peth, mae gan y modelau hyn blorod (sbotiau). Iawn, maen nhw wedi eu peintio ymlaen, ond o leia mae yma gydnabod fod plorod ac ati yn bodoli. Yn anffodus, mae pawb ar y dudalen broblemau wedi eu tynghedu i fywyd trist o unigrwydd di-Gariad. Yr hyn mae'r bobl sy'n cynhyrchu'r cylchgronau 'ma wedi ei anghofio ei egluro yw nad oes a wnelo hyn ddim oll â'r plorod.

Nwydau Rhywiol

O, mam bach! Y gair 'RH!' A finnau wedi bod yn gwneud fy ngorau glas i'w osgoi. Ie, mae'n siŵr eich bod chi wedi sylwi, ond dyna ni, mae'n rhaid eich bod chi'n weddol glyfar, neu fyddech chi ddim yn darllen fy llyfr i, fyddech chi? Dwi wedi bod yn osgoi rh*w am nifer o resymau. Yn rhannol oherwydd nad ydi o'n syniad da i grybwyll rh*w os ydi Nyrs Nits yn yr un stafell, ond yn bennaf oherwydd (ac mae'n siŵr eich bod chi'n sylweddoli hyn) bod llawer mwy i Gariad na rh*w. Mae 'na fwy i Gariad na phriodas, erbyn meddwl.

Dach chi'n caru eich beic, eich ci a'ch hoff siwmper, ond tydach chi'm eisiau eu priodi nhw, ydach chi? Sy'n beth ffodus a dweud y gwir, oherwydd petaech chi eisiau gwneud y fath beth, fe allai fod yn ddewis anodd ar y naw. Os byddwch chi'n dweud 'gwnaf' wrth y beic, fydd y siwmper yn mynd yn foblau bach drosto a'r ci yn llyncu mul? Beryg iddo dagu, y creadur.

Ydw, dwi'n meddwl fod Cariad yn ddigon cymhleth fel mae hi, heb ddod â rh*w i mewn i'r peth. A ph'run bynnag, byddai rhyw (gair arall – ystyr gwahanol, wir yr) riant neu athro yn siŵr o gwyno pe bawn i'n sôn amdano'n fanwl. Felly, er y bydd yna fymryn bach o sôn am r*w yn nes ymlaen, ar hyn o bryd mae'r llyfr yma'n gwbl ddi-r*w. Mi gadwn ni at Gariad a theimladau

39

Cariad am rŵan, sef y teimladau 'na y byddwch chi'n eu cael pan fyddwch chi'n digwydd gweld rhywun arbennig – teimladau sy'n anodd eu disgrifio, ond sy'n debyg iawn i fynd ar sbin llawn yn y peiriant golchi, cyn cael eich llusgo allan, eich waldio ar eich pen efo gordd, cyn i hwfyr sugno eich ymysgaroedd allan a'u gollwng,

yn dal i stemio, i lawr eich dillad isa. Pawb yn fodlon
aros efo Cariad? Mi ddylech chi, achos o'i gymharu â
rh*w, mae Cariad yn bwsi meri mew fach annwyl. Ond
(fel rydan ni ar fin darganfod) pan fydd Cariad yn dod
i'r dre, mae pawb yn gadael ar y bws cyntaf un.

Wynebu cariad

Ond be os ydan ni'n gadael i'r bws adael hebddan ni? Be os ydan ni'n aros i gael coblyn o ffeit? Sefyll yn gadarn, ac amddiffyn ein hunain yn erbyn unrhyw beth ac unrhyw un mae Cariad yn penderfynu ei daflu aton ni? Dewr iawn. A hynod ddwl. Ond mae'n haws i chi ymdopi os gafaelwch chi yn fy llaw i a'r tîm. Wel, fi o leia. A bod yn gwbl onest, alla i ddim dychmygu neb fyddai'n fodlon i unrhyw aelod o'r tîm afael yn eu côt, heb sôn am eu llaw. Ond, na phoener, mi rydw i yma gyda chi, felly amdani, gyfeillion!

Hyd yma, rydan ni wedi darganfod beth ydi Cariad, wel, fwy neu lai, a hefyd mymryn o beth mae Cariad yn ei wneud i rywun, ond sut ydan ni'n gwybod os ydi o ganddon ni, neu os ydan ni ynddo fo?

Yn ôl fy 'arbenigwr' meddygol, Doctor Doctor, does dim gwellhad i Gariad. Ond cofiwch chi, mi ddywedodd o hefyd mai'r ffordd i gael gwared â llygaid croes yw i glymu broga ar dop eich pen. Yn ei ôl o (y doctor, hynny yw, nid y broga), mi fyddech chi mor brysur yn ceisio gweld be oedd y broga'n ei wneud, fyddai ganddoch chi

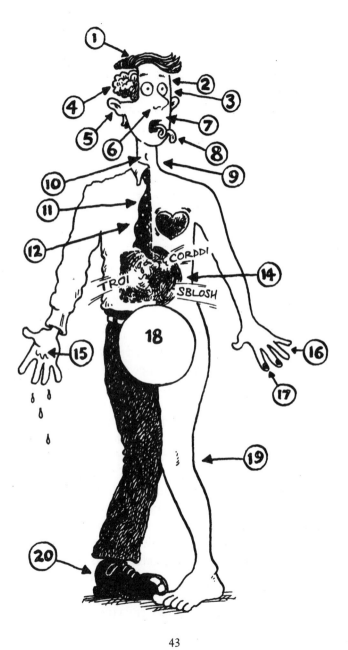

43

ddim amser i groesi'ch llygaid. Er hynny, ynglŷn â chariad, dwi'n meddwl ei fod o'n gwbl gywir. Ond i ddechrau yn y dechrau: sut mae gwybod os ydach chi mewn Cariad? Wel, yn anffodus, fel gyda'r rhan fwyaf o glefydau na ellir eu gwella, mae yna nifer o arwyddion allanol. Mae'r llun ar dudalen 41 yn dangos y rhan fwya ohonyn nhw:

Maen nhw'n fy sicrhau na chafodd neb ei glwyfo'n angheuol yn y broses o greu y trawsdoriad hwn. Wel, neb dwi'n ei nabod, beth bynnag. Gan ddechrau gyda'r pen, y prif arwyddion o Gariad yw:

1 Gwallt glân. Fel gyda llau, mae Cariad wrth ei fodd gyda gwallt glân. Mae dechrau golchi eich gwallt yn aml am ddim rheswm o gwbl yn arwydd pendant eich bod chi'n dal Cariad. Yn aml iawn, mae hyn yn digwydd cyn i chi hyd yn oed wybod enw'r person rydach chi'n ei garu.

2 Cribo eiliau. Yn ei amlygu ei hun yn yr achosion mwyaf difrifol yn unig, a hyd yn oed wedyn, dim ond yn achos bechgyn. Mae merched mewn Cariad yn tynnu'r blew weithiau, ond anaml maen nhw'n eu cribo. (Gyda llaw, mae merched sydd wedi eu siomi mewn Cariad yn aml yn rhoi aeliau eu cyn-gariadon ar dân.)

3 Rhythu'n wag i nunlle penodol. Mae hyn yn digwydd oherwydd fod y person mewn Cariad yn rhy brysur yn meddwl am y person maen nhw'n ei garu i allu canolbwyntio ar unrhyw beth arall. Mae cael eich denu'n rhywiol at rywun yn gallu gwneud i'ch llygaid sgleinio, ond mae Cariad yn creu'r rhythu gwag yma oherwydd ei fod yn troi eich ymennydd tu chwith allan.

4 Ymennydd tu chwith allan. Ddeudis i'n do?

5 Sŵn canu grwndi yn eich clustiau. Mae Cariad yn gallu eich gwneud yn fyddar.

6 Synnwyr arogl od. Pan fydd rhywun mewn Cariad,

mae arogl blodau ar bob dim. Defnyddiol os mewn lle cyfyng gyda un o'ch cyfeillion mwyaf gwyntog, ond fawr o help os bydd y nwy yn gollwng – nwy go iawn, hynny yw; dydyn ni ddim yn sôn am eich cyfaill gwyntog bellach.

7 Ceg llydan agored. Fel yn achos y llygaid, mae a wnelo hyn rywbeth â'r ffaith bod yr ymennydd tu chwith allan. Ond nid dyma'r unig ffordd y gall Cariad effeithio ar y geg. Fe all wneud i'r claf ganu caneuon rhamantus yn ddirybudd, yn y mannau rhyfeddaf, yn aml yn hynod uchel a wastad allan o diwn.

8 Tafod mewn cwlwm. Gan amlaf, yn digwydd yr un pryd â'r geg fel ogof. Yn anffodus, gall hefyd ddigwydd yr un pryd â'r canu.

9 Gwddf glân. Y ffordd hawsaf o ddigon i adnabod bachgen mewn Cariad. Y gred yw y caiff ei wddf ei gnoi os bydd yn lân. Dim gobaith, gyfaill. Fyddet ti eisiau brathu rhywbeth â blas sebon arno?

10 Lwmp yn y gwddf. Clwy cyffredin iawn ymysg y rhai sydd mewn Cariad. Fel arfer yn digwydd rhyw dro rhwng treulio oriau yn dysgu adrodd cerdd serch 26 pennill, a chyfarfod eich Annwyl Un.

11 Tei. Arwydd amlwg arall fod bachgen mewn Cariad. Mae'n well gan ferched fod ychydig yn fwy cynnil, drwy wagio potel gyfan o bersawr Mam y tu ôl i'r ddwy glust.

12 Brestiau'n codi a disgyn fel megin, gan amlaf wedi ei achosi gan:

13 Calon yn curo. Pan mewn Cariad, gall cyflymder y galon gynyddu'n frawychus. Mae'n debyg mai dyma pam fod calonnau'n torri.

14 Stumog yn troi. Mae Cariad fel arfer yn troi eich stumog i fod yn rhywbeth hynod debyg i fuddai neu gymysgydd sment, yn chwyrnu ac udo yn y modd mwya annymunol. Dyma pam fod mynd â'ch Anwylyd i dŷ

bwyta ar noson bwysig yn gallu bod yn gamgymeriad. Yn enwedig os ydi'r lle'n wag.

15 Dwylo chwyslyd. Mae Cariad yn gwneud eich dwylo yn chwyslyd tu hwnt, sy'n anffodus gan fod dal dwylo yn rhan annatod o'r busnes caru. Gwell osgoi dawnsfeydd gwerin hefyd, felly.

16 Ewinedd glân. Tra bod gwallt glân yn arwydd fod bachgen mewn Cariad, mae ewinedd glân yn dangos ei fod dros ei ben a'i glustiau go iawn.

17 Paent ar ewinedd. Y fersiwn fenywaidd o'r uchod. Neu heb gael amser i 'molchi'n iawn ar ôl helpu Mam i beintio'r gegin.

18 Mae yna amrywiaeth o bethau allai ddigwydd yn y rhan yma, ond does gen i mo'r lle, yr amser na'r awydd i'w trafod yma. Y cwbl alla i ei ddweud yn saff yw, os nad oes rhywbeth yn digwydd fan hyn, mae'n debyg mai'r ffliw ydi o, nid Cariad.

19 Penliniau crynedig. Rhywun sydd mewn Cariad ond yn ceisio bod yn 'cŵl.' Ond dyna'r peth am Gariad – mae'n amhosib ei guddio yn y diwedd.

20 Esgidiau glân. Hefyd sana/teits glân. Mae Cariad yn gallu cael y dylanwad rhyfedda ar rywun …

Ciwpid

Mae'r rhan fwyaf o afiechydon yn cael eu dal mewn ffordd neilltuol. Er enghraifft, gan amlaf, mae'r ffliw a'r annwyd yn cael eu dal pan fydd rhywun yn tisian i'ch cyfeiriad chi, a chan fod rhywun yn tisian ar 100 milltir yr awr, maen nhw'n eithaf hawdd eu dal. Mae'r frech goch, y frech ieir (nid drwy gusanu ieir mae dal brech yr ieir, gyda llaw. Ro'n i'n meddwl y dylwn i wneud hynny'n berffaith glir. Dyw hyn ddim yn golygu ei bod hi'n iawn i chi gusanu ieir, cofiwch, ond o leia mi fyddwch chi'n gwybod na allwch chi ddal brech yr ieir.

Rydach chi'n fwy tebygol o ddal clWY ... sori ... jôc sâl iawn, iawn) ayyb yn cael eu dal wrth fod yn agos at rywun sydd eisoes yn dioddef. Mae Cariad yn unigryw yn hyn o beth. Dyma'r unig glefyd cyffredin na ellir ei ddal gan unrhyw un arall. Mi allech chi fod yr unig berson am filltiroedd gyda dôs ddrwg o Gariad. Ac ar foi bach dwl o'r enw Ciwpid mae'r bai. Fo ydi Bwa-saethwr

Cariad, ac mae o'n anobeithiol. Petai o'n mynd i gystadleuaeth bwa a saeth, fo fyddai'n dal y cotiau.

Felly, sut mae osgoi y bwbach? Yn syml: allwch chi ddim. Ac i wneud pethau'n waeth, os ydach chi'n meddwl fod ei anelu o'n sâl, mae ei amseru o hyd yn oed yn waeth. Dychmygwch yr olygfa syml hon: rydach chi'n fachgen. Allwch chi ferched ddelio gyda hyn? Iawn. Rydach chi ar ddêt gyda rhywun arbennig. Yn y pictiwrs. Yn y rhes gefn. (Os allwch chi ei fforddio.) Rydach chi'n gwylio'r ffilm, o fath, ond mae eich llygaid yn mynnu symud oddi ar y sgrin ac at eich gilydd. Dwi'n meddwl ei bod hi'n ddiogel i mi nodi eich bod eich dau yn eitha pendant mai heno fydd y noson i symud gêr (symud ymlaen o eistedd ochr yn ochr i ddal dwylo, hynny yw). Yn sydyn, fel rydach chi'n troi at

eich partner i yngan y geiriau holl-bwysig hynny, mae
Ciwpid yn saethu ei saeth serch. Mae o wedi bod yn eich
gwylio o'r balconi. Yn anffodus, roedd o wedi dechrau
ymgolli braidd yn y ffilm hefyd. Mae hyn yn ychwanegu
at ei anelu gwael, sy'n golygu fod y saeth yn plannu ei
hun mewn *usherette* fawr dew, tua 42 oed, efo peswch
annifyr. A thwac! Rydach chi wedi mopio'n lân efo hi.

Rydach chi'n ceisio ymresymu efo chi'ch hun, tra
dach chi'n aros y tu allan yn y glaw trwm i'ch Anwylyd
orffen taflu pobl allan o'r sinema (nid yn unig mae hi'n
gwerthu hufen iâ, ond hi hefyd yw'r bownsar). Ac i
wneud pethau'n saith gwaith gwaeth, pan rydach chi'n
datgan eich Cariad tuag ati, mae hi'n chwerthin yn eich
wyneb! Mae eich calon yn dipiau mân! Sut allai hi?
Allai pethau byth fod yn waeth na hyn. O gallai, mi allai
… mi allech chi fod yn ferch sydd wedi gwirioni ei phen
efo'r boi ungoes 85 oed sy'n glanhau'r lle chwech.

Hollywood neu Farw

'Allai hynna byth ddigwydd!' fe'ch clywaf yn protestio. Isio bet? Rydach chi wedi bod yn gwylio gormod o ffilmiau Hollywoodaidd sy'n dangos yr arwr (dyn busnes llwyddiannus efo steil gwallt hynod ddrud) wedi bod yn caru efo pob merch dan 80 yn y ffilm, ond heb ddarganfod yr hyn mae'n chwilio amdano. Yna, yn sydyn, jest fel dach chi'n codi er mwyn dianc o'r adeilad cyn i neb weld faint o coke a phopcorn rydach chi wedi

ei dywallt ar hyd y lle, mae ei ysgrifenyddes dawel, ddinod, ond hynod glyfar, sydd wedi bod yn sefyll wrth ei ochr drwy'r cwbl, hyd yn oed yn y darnau deialog wirioneddol echrydus, yn tynnu ei sbectol. Mae ei gwallt (oedd mewn bỳn tyn) yn disgyn yn gadwynau euraid am ei hysgwyddau, yn fframio ei hwyneb perffaith a dadlennu ei gwir brydferthwch. Mae Ciwpid a'i saeth yno fel shot (sori!) ac mae ein harwr yn sylweddoli mai ei ysgrifenyddes ffyddlon, gwbl ddibynadwy, oedd o'n ei charu drwy'r adeg. Mae'n ei chodi yn ei freichiau, gan gnocio gwerth miloedd o geriach oddi ar ei ddesg, ac yn ei chario allan o'r stafell. Clywn filoedd o feiolinau'n chwarae yn y cefndir, a daw'r ffilm i ben gyda'r gynulleidfa gyfan yn gwlychu eu llewys, ysgwyddau'r person drws nesa a'r hancesi oedd ar gael yn y *foyer* am dair gwaith y pris arferol.

A dyna'ch syniad chi o Gariad, ia? Dach chi wir yn credu mai fel'na mae bywyd go iawn? Mae'r hancesi'n ffaith, ond mae'r gweddill yn llwyth o g- ... o gelwyddau a ffantasi pur. Gadewch i ni archwilio'r stori garu hon yn fwy manwl:

1 Dyn busnes llwyddiannus efo steil gwallt hynod ddrud? Maen nhw i gyd yn gwisgo *toupees*.

2 Wedi bod yn caru efo pob merch dan 80 ayyb? Does 'na neb yn mynd i fod yn ddyn busnes llwyddiannus drwy fynd ar ôl merched, fwy nag y byddai merch fusnes yn llwyddiannus drwy hel dynion. Mae rhywun yn cyrraedd y brig drwy weithio mewn swyddfa o chwech y bore tan un ar ddeg yr hwyr.

3 Mae ei gwallt (oedd mewn bỳn tyn) yn disgyn yn gadwynau euraid am ei hysgwyddau, yn fframio ei hwyneb perffaith ayyb ... ayyb ...? Ydyn nhw'n disgwyl i ni gredu y byddai ysgrifenyddes hynod glyfar yn dal ei gwallt ar dop ei phen efo dim byd mwy na phâr o sbectols? Amau rhywsut ...

4 Mae'n ei chodi yn ei freichiau ... a'i chario allan o'r stafell? Heb ddweud gair? Heb hyd yn oed yngan 'Rwy'n dy garu, Miss Puw,' neu hyd yn oed 'Wyt ti'n fy ngharu i, Miss Puw, ac a fyddet ti'n ystyried gadael i mi dy godi yn fy mreichiau ar ôl blynyddoedd o'th anwybyddu a'th drin fel cadach llawr?' Mae'n bosib fod rhai pobl yn gweithredu fel hyn, ond mi fetia i sofren y byddai'r rhan fwya o ferched yn sefyllfa Miss Puw yn

dangos yn eitha handi fod ganddyn nhw ddwrn fyddai'n llorio Mike Tyson, dim problem.

Ac am y feiolinau. Lle roedden nhw'n cuddio, tybed? Dan y ddesg?

Na, dyw Cariad ddim fel hyn o bell ffordd. I ddechrau cychwyn...

Mae Cariad yn Boenus (iawn)

Mae'n fusnes sy'n brifo o ddifri. Dyna i chi saeth y twmffat Ciwpid 'na. Er fod Ciwpid ei hun yr un maint a siâp â babi deunaw mis oed, mae'r saeth 'na'n brifo. Mae o fel cael eich taro gan lorri pedair tunnell (lorri gyda phig miniog arni). Ceisiwch ddychmygu bod ynghanol corwynt. Mae o rhywbeth tebyg i hynna. Na, a deud y gwir,

mae o rhywbeth tebyg i hynna ond yn waeth. Ydach chi'n cofio'r hen dedi bêr 'na oedd ganddoch chi ers talwm? Be oedd ei enw o, hefyd? Tedi, ia? (Os oeddech chi'n brin o ddychymyg yr adeg hynny, na phoenwch, roedden ni i gyd.) Ydach chi'n cofio sut oeddech chi'n teimlo pan aeth o ar goll? Wel, pan wnaethoch chi anghofio amdano ar ôl bod yn y lle chwech, a'i adael i ddisgyn ar ei ben i lawr y pan, a bod yn fanwl gywir. Ond mae hynny'n gyfystyr â cholli rhywbeth i blentyn bach. Mi wnaethoch chi grio am ddyddiau a dyddiau a dyddiau, yndo? (Deg munud a deud y gwir, ond roedd o'n teimlo fel dyddiau ar ddyddiau i weddill y teulu oedd yn gorfod gwrando arnoch chi.) Wel, doedd y moroedd tymhestlog yna o emosiynau yn ddim o'u cymharu â be mae Cariad yn ei wneud i chi.

A beth am yr adeg yna yn yr ysgol feithrin pan

DYNA'R TRO OLA DWI'N RHOI CWTSH IDDI HI!

ofynnoch chi i'r plentyn efo brychni haul eich priodi chi, a chael walden dros eich pen efo'i bocs bwyd am eich trafferth? Mi wnaethoch chi grio am oriau (munudau) ac roedd eich gwallt yn drewi o wy a salad crîm am ddyddiau. Dyw hynna ddim ond megis crafiad y gellir ei wella gydag elastoplast o'i gymharu â'r anafiadau dwfn a achosir gan Gariad.

Felly, sut mae osgoi y cyflwr hwn? Fel y dywedais i o'r blaen, allwch chi ddim. A fyddech chi ddim am ei osgoi o beth bynnag. Dach chi'n gweld, dyna be sy'n rhyfedd am Gariad: mae'n dinistrio bywydau, teuluoedd a chyfeillgarwch. Mae'n gwneud smonach o'ch casgliad CDs a thâpiau am byth. Wir yr! Gewch chi weld. Mi fyddwch chi'n sbio drwy eich casgliad ymhen blynyddoedd ac yn meddwl: 'Be goblyn ydi hwn?! Sut ar wyneb daear y daeth hwn i lechu ynghanol fy CDs i? Mae'n rhaid bod rhywun di-chwaeth wedi torri i mewn i 'nhŷ i gan feddwl dwyn fy stereo, ond ei fod o wedi penderfynu gadael hwn ar ôl yn lle, jest i godi 'ngwrychyn i …' Ac mi fydd yna rai caneuon na fyddwch chi'n gallu gwrando arnyn nhw byth eto oherwydd yr atgofion … Ond er hyn i gyd, mae o'n fendigedig. Lobsgows o boen arteithiol ac ecstasi pur wedi ei gymysgu mor dda nes ei fod yn anodd deud p'un yw p'un. A phob tro y byddwch chi'n ceisio rhoi'r darnau mân o galon friw yn ôl at ei gilydd, mi fyddwch yn gofyn i chi eich hun: 'Oedd o werth o?' Ac mi fyddwch yn clywed eich hun yn ateb: 'Oedd, pob tamed!'

Popeth am gariad
– o 'A' i 'Y'

Gan nad oes modd osgoi Cariad, a chan na fyddech chi am ei osgoi beth bynnag, wel, ddim yn llwyr o leia, y cwbl allwch chi ei wneud yw dysgu delio gydag o. A dyna pam 'mod i yma. Hei, dach chi'n siarad gydag athrylith fan hyn. Wel, ddim yn siarad yn union, ond dwi'n sgwennu hwn yn uchel. Ac wedi blynyddoedd o ymchwil caled yn y maes, rydw i wedi paratoi'r nodiadau canlynol ar y pwnc: ychydig o gyngor, syniadau ayyb. Ac er mwyn hwylustod i chi'r darllenydd, rydw i wedi eu gosod yn nhrefn yr Wyddor. Dyma ni:

Absenoldeb

(Neu 'man gwyn man draw' neu hyd yn oed 'mwyna byth y man ni bôm' – a chofiwch roi to bach ar hwnna annwyl gyhoeddwyr, rhag i ryw ddysgwraig ffwndrus,

gafodd ei siomi gan ddyn, gymryd hynna fel gwahoddiad i'w chwythu'n chwyldrins!)

Efallai bod byw heb eich Cariad am sbel yn gwneud lles i'r berthynas, ac yn gwneud i chi eu caru hyd yn oed yn fwy. Ond mae o hefyd yn gwneud i'r galon guro, y stumog droi a'r cinio hedfan. Y tro cyntaf i chi gael eich gwahanu, mi fyddwch chi ar goll (yn enwedig os ydych chi ar wyliau mynydda a'r map ganddyn nhw), a fyddwch chi ddim yn gwybod sut i oroesi. Cofiwch chi, mi fydd yna adegau pan fyddwch chi'n amau a fyddan *nhw*'n goroesi os nad ân nhw o'r golwg reit handi.

Anifeiliaid Anwes

Mae pobl yn caru eu hanifeiliaid. Mae'n debyg eich bod chi'n caru eich anifeiliaid chithau. Peidiwch â phoeni, mi dyfwch allan ohono.

Anrhegion

Byddwch yn ofalus gyda'r rhain. Os ydyn nhw'n cael eu defnyddio fel arwydd o Gariad, i greu argraff, i gymodi neu i dorri newyddion drwg mewn ffordd neis, mae'n

rhaid trefnu'r cwbl yn ofalus. Dyma restr fras o'r math o anrhegion y gallech chi eu rhoi, a phryd.

Ar Ddêt

Anodd. Yn bersonol, mi faswn i'n rhedeg milltir pe bai rhywun yn rhoi blodau neu siocled i mi ar y noson gynta, ond mae pawb yn wahanol. Felly, rhag ofn eu bod nhw'n wahanol:

Blodau, siocled – unrhyw beth y gallech chi ei fwyta. (Nid 'mod i'n disgwyl i chi fwyta blodau.) Mae'n well rhoi'r blodau iddi hi (annoeth fyddai i ferch roi blodau i fachgen – mi fydd o'n meddwl eich bod chi'n cymryd y mic) cyn mynd allan, i sbario iddi eu cario o gwmpas gyda hi drwy'r nos. Mi fyddai rhai merched wrth eu bodd gyda hyn, wrth gwrs, yn stwffio'r blodau dan drwyn pawb: 'Sbiwch be ges i gan fy nghariad!' Ond byddai'r rhan fwya o ferched (o Gymru, beth bynnag) yn hapusach yn eu rhoi yn y sinc nes iddyn nhw gyrraedd adre.

Mi allwch chi roi blodau a danteithion unrhyw adeg, wrth gwrs. Peidiwch â phoeni am geisio creu argraff gyda maint y bocs. Nid dyna'r pwynt. Mae bocs bach, bach yn iawn – cyn belled â bod rhywbeth ynddo fo. Ac mae bocs yn well na rhywbeth fel Mars Bar. Dwi ddim yn gwybod pam – ond mae o.

Unrhyw Adeg

Posteri/lluniau o'u hoff grwpiau ayyb

Y peth da am rhain yw eu bod nhw'n weddol rhad, ond

eto mae 'na ôl meddwl arnyn nhw. Mi fydd yn amlwg eich bod chi wedi bod yn gwrando arnyn nhw pan oedden nhw'n mynd mlaen a mlaen am eu hoff grŵp, actor, actores ayyb.

Tâpiau, CDs ayyb
Anrhegion da, ond heb fod yn rhad. Peidiwch â dychryn eich Anwylyd. Dwi'n cofio clywed (pan o'n i tua 16) bod fy nghariad newydd wedi prynu anrheg ddrud, ddrud i mi. Mi wnes i orffen gydag o cyn iddo roi'r anrheg i mi. Ro'n i wedi panicio. Dwi'n cicio fy hun rŵan, wrth gwrs – mi ddylwn i fod wedi gorffen gydag o *ar ôl* cael yr anrheg. (Jôc ...)

Pen-Blwydd/Nadolig/Achlysuron Arbennig
Clustdlysau, cadwyni ayyb
Anrhegion arbennig iawn. Does dim rhaid iddyn nhw fod yn hurt o ddrud, ond byddant yn cael eu derbyn fel rhywbeth hynod werthfawr.

Dillad
Anodd. Rhaid bod yn eitha siŵr pa faint i'w brynu yn un peth, a gofalwch beidio prynu rhywbeth sydd yn llawer rhy fawr! Hefyd, mae chwaeth rhywun yn gallu bod yn beth personol iawn. Gwnewch yn berffaith siŵr ei fod y math o beth y bydden nhw'n ei brynu iddyn nhw eu hunain beth bynnag. Wedi'r cwbl, mi fyddan nhw'n teimlo gorfodaeth i'w wisgo, hyd yn oed os ydyn nhw'n ei gasáu o. Cofiwch am y siwmper 'na y gwnaeth eich modryb wau i chi llynedd ...

Pwynt i Orffen

Os ydach chi'n prynu rhywbeth i rywun oherwydd eich bod chi am orffen gyda nhw (sy'n gofyn am drwbwl os dach chi'n gofyn i mi – ond mae rhai pobl yn gwneud hyn) gofalwch nad ydi o'n drwm nac yn hawdd ei daflu.

FALLE EI BOD HI'N ANRHEG WIRION WEDI'R CYFAN!

Argraff Gyntaf

(Mwy am hyn o dan Ffasiwn yn nes ymlaen)

Ydi, mae'n bwysig edrych ar eich gorau bob amser – jest rhag ofn, heb i'r peth fynd dros ben llestri. A does 'na ddim pwynt treulio oriau ar geisio edrych yn dda os ydach chi'n difetha pethau drwy anghofio bod personoliaeth yn bwysig hefyd. Yr hyn sy'n cyfri ydi bod yn chi eich hun, hyd yn oed os ydi hynny'n codi'r felan arnoch chi. Os byddwch chi'n mynd ati i greu argraff drwy fod yn rhywun dach chi ddim, fyddwch chi ddim yn gallu cadw hynny i fynd yn hir iawn. Ac mi allai fod yn garwriaeth hir – am byth, o bosib! Rydw i wedi'ch rhybuddio chi …

Barddoniaeth

Mae barddoniaeth yn gallu bod yn ddefnyddiol iawn ar gyfer meistroli ieithwedd Cariad. Mi fyddai pawb wrth

58

eu bodd yn cael cerdd wedi ei sgwennu amdanyn nhw. (Dwi'n dal i aros.) Ond byddwch yn ofalus. Dewiswch eich mesur yn ofalus. Prin fod limrigau, er enghraifft, yn fesur addas i gân serch. Felly osgowch unrhyw beth yn dechrau gyda 'Roedd merch fach o dref Ton-y-pandy'. Mae cerddi sy'n odli yn gallu bod yn broblem, oherwydd mai dim ond hyn-a-hyn o eiriau sy'n odli gydag enw eich Anwylyd. Er enghraifft: Rhys. Odli gyda pŷs, crys, chwys ... gwell rhoi'r gorau iddi yn fan'na, dwi'n meddwl. Iawn ta: Dewi. Odli gyda rhewi, tewi, drewi ... Hm. Be am Mandy? Na, efallai ddim. Iawn: Hanna: gwanna, fan'na, sana... dach chi'n gweld y broblem, dwi'n meddwl.

Mae nifer fawr o eiriau sy'n ymwneud â Chariad yr un mor anodd. Mae 'serch', er enghraifft, yn air y byddech chi'n debygol o fod am ei ddefnyddio. Ond rhowch o mewn cerdd sy'n odli, ac ar ôl 'merch', mi allech chi fod mewn twll. A be sy'n odli efo 'calon'? 'Rhadlon' efallai, ond wedyn mae ganddoch chi 'neilon' a 'colon'. Fawr o ramant yn fan'na. Neu be am air mwy swmpus fel 'dwys':

Lowri, Lowri, mae fy neges yn ddwys
Mae dy wyneb yn ddigon i godi ...

Mae hi'r un mor anodd yn Saesneg. Dyna i chi air syml fel 'heart'.

Oh Darling Mary, you have stolen my heart,
I just can't wait to hear you ... ym ...

Dwi'n meddwl mai'r peth gorau ydi osgoi odlau.

Mae cerddi rhydd yn gallu bod yr un mor anodd, oherwydd ei bod hi mor hawdd mynd dros ben llestri. Hefyd, mae'n rhaid i chi ddewis eich delweddau barddonol yn hynod ofalus. Er enghraifft, os ydach chi'n meddwl eu cymharu i ddiwrnod o haul hirfelyn tesog, mi allen nhw feddwl eich bod chi'n ceisio dweud eu bod nhw'n chwyslyd a'u ceseiliau'n drewi. Na, mae

DAU LYGAD DISGLAIR FEL DWY ... SOSER

barddoniaeth yn gallu bod yn beryg. Felly, os nad ydach chi'n berffaith siŵr o'ch gallu i farddoni, peidiwch â thrafferthu. O – ac un gair bach ola o gyngor barddonol: os ydach chi'n benderfynol o sgwennu cerdd, peidiwch â chopïo un adnabyddus a cheisio dweud mai chi sgwennodd hi. O, mae'n bosib y gwnewch chi dwyllo eich cariad am sbel ond, o nabod eich lwc chi, mi gaiff y ddau ohonoch chi yr union gerdd yna i'w dadansoddi fel gwaith cartref.

Beichiogrwydd

Gall hwn fod yn ganlyniad annymunedig (ac annisgwyl) o Gariad. Ond ddylai o ddim bod mor annisgwyl â hynny. Rydach chi'n gwybod bellach o ble mae babis yn

dod, siawns? Felly, os nad ydach chi'n barod i'w cael nhw (a tydach chi ddim), dach chi'n gwybod be i'w wneud, tydach? Yn hollol! Osgoi llwyni gwsberis.

Blwyddyn Naid

Mae'n debyg eich bod chi wedi sylweddoli fod gan Chwefror ddiwrnod ychwanegol bob pedair blynedd. Y rheswm am hyn yw fod pob blwyddyn yn para 365 diwrnod a mymryn bach. Felly mae'r darnau bychain

yma'n cael eu rhoi at ei gilydd i wneud diwrnod ychwanegol a hwnnw'n cael ei stwffio i mewn bob pedair blynedd. Ac mae'r bedwaredd flwyddyn yma'n cael ei galw'n flwyddyn naid, a'r diwrnod ychwanegol yn Chwefror 29ain. Y broblem oedd, wedi creu'r peth blwyddyn naid hynod glyfar 'ma, be ddylid ei wneud gyda'r diwrnod ychwanegol? Wel, wedi i'r dynion drafod am oes (doedden nhw ddim yn gadael i ferched drafod gyda nhw'r adeg hynny) mi benderfynon nhw gael parti. Ond roedd hynny braidd yn wirion a'r

Nadolig newydd fod. Felly dyma un hen wàg (dyn, garantîd) yn cael syniad: be am ei wneud o'n ddiwrnod y gallai merched ofyn i ddynion eu priodi nhw? Pam ydw i'n credu mai dyn gafodd y syniad? Wel, meddyliwch am y peth. Prin ei fod o'n rhywbeth i weiddi a chlochdar ynglŷn ag o. Yn enwedig o ystyried y ffaith nad oedd gan ferched unrhyw fath o hawliau ar y pryd: dim hawl i fotio, dim hawl i beidio cael plant, ychydig iawn o ddewis swyddi – nac unrhyw ddewis o fath yn y byd, erbyn meddwl. Roedd yr hen wàg 'ma, pwy bynnag oedd o, yn meddwl ei fod o'n hael iawn, mae'n siŵr. Un ai hynny, neu roedd o'n cael trafferth gofyn i ferched ei briodi o. Pam ei galw'n flwyddyn 'naid'? Oherwydd bod y creadur yma'n credu y byddai merched yn 'neidio' am y cyfle i allu gofyn i rywun eu priodi. Dwi'n amau rhywsut! Nid os oedden nhw i gyd yn debyg iddo fo, beth bynnag!

Brodyr/Chwiorydd Iau

Fel y gwyddoch chi'n barod, mae'r pethau hyn wedi eu rhoi ar y ddaear i wneud eich bywyd mor syrffedus â phosib. Ond pan mae Cariad yn cnocio ar y drws, mae ganddyn nhw swyddogaeth mwy neilltuol – i wneud iddo adael reit handi. A be sy'n waeth ydi eu bod nhw'n cael eu gwobrwyo'n hael am hyn gan eich rhieni, sydd 'ddim ond yn ei wneud o er dy les di dy hun' – meddan nhw. O? Felly? Pam fydden nhw eisiau gwneud hynny rŵan, a hwythau erioed wedi gwneud hynny o'r blaen, y? Gan ddefnyddio'r Person Bychan, mi fydd rhieni'n gwneud popeth o fewn eu gallu i ofalu na chewch chi hyd yn oed gyfle i weld os ydech chi'n gallu. Mi wnân nhw yrru'r plentyn i mewn i'ch stafell i chwilio am bethau honedig golledig: 'Rŵan, ble nath Mam adael ei chopi o *Cant a mil o bethau i'w gwneud gyda gwsberis*?

Does 'na'm ffasiwn lyfr yn bod. Mi wnân nhw hongian y Person Bychan gerfydd ei fferau ar ddarn o gortyn y tu allan i'r ffenest gan geisio esgus bod yn jymbo-jet. Mi wnân nhw hyd yn oed guddio'r ploryn bach hyll yn y lle tân fel lwmp o lo er mwyn iddo sbeio arnach chi. Yr unig broblem gyda hynna ydi na allech chi byth gael y sinach i gynnau. Does 'na ddim byd allwch chi ei wneud i rwystro ymddygiad fel hyn. Os ydach chi'n cloi'r drws, mi fyddan nhw'n eich amau chi'n syth, ac yn dyblu eu dulliau dwl i'ch rhwystro rhag cael llonydd. Os ydach chi'n trefnu i gyfarfod yr Anwylyd yn rhywle arall, y cwbwl wnaiff eich rhieni yw rhoi llwyth o geriach fel sbienddrych, camera infra-red ac ati i'r Person Bychan. Llwgrwobrwyo ydi'r unig ateb, mae arna i ofn. Ie, talu'r Person Bychan i gau ei geg. Mae'n syniad i chi ddechrau cynilo felly, tydi?

Calon

Dyma ganolbwynt carwriaethol y corff, a dyna pam y gwelwch chi siâp calon yn lle'r gair 'caru' ar gymaint o

sticeri. Dach chi'n gwybod y math o beth: 'Dwi'n ❤
Dinbych. (Mae'n rhaid i rywun ...) Ond pam y galon?
Wel, fel y soniais i eisoes, mae Cariad yn cael cryn dipyn
o effaith ar y galon. Mae'n curo'n wallgo ac yn pwmpio
gwaed dros y lle i gyd. A dweud y gwir, petaech chi'n
digwydd torri eich bys yn ddamweiniol ar yr eiliad o
syrthio mewn Cariad, fyddai'r canlyniad ddim yn
annhebyg i daro olew. (Wel, am ryw wyth peint beth
bynnag. Wedyn mi fyddai'n debycach i gorff gwelw
mewn pwll mawr coch.) Wrth gwrs, mae rhannau eraill
o'r corff yn teimlo effaith Cariad. Mae'r stumog a'r
perfedd yn diodde'n arw ac yn ymddwyn fel petaen
nhw'n perthyn i unrhyw gwmni dŵr wedi'i
breifateiddio (h.y. maen nhw'n gollwng dros y lle i gyd).
Ond, mi benderfynodd rhywun mai'r galon fyddai'r prif
darged. Ac mae'n bosib na fyddai cardiau Santes
Dwynwen a Ffolant yn gwerthu cystal gyda pherfedd
sidan pinc arnyn nhw.

Canmol

Rydan ni'r Cymry yn anobeithiol am hyn, yn waeth na
neb. Yn enwedig am ganmol ein gilydd. Dyw gweddill
gwledydd Prydain fawr gwell, ond mae gwledydd Ewrop
yn eitha da, ac mae'r Americanwyr yn mynd dros ben
llestri'n rhacs. Ond mi gewch chi eich synnu faint o
argraff wnewch chi ar rywun drwy ddweud rhywbeth
fel: 'Ti'n edrych yn grêt heddiw,' neu 'Dwi'n hoffi dy
wallt di fel'na'. Y tric ydi i'w ddweud o'n ddigon aml er
mwyn iddo ddod yn ail-natur i chi, heb swnio'n ffals. Mi
allech chi ymarfer ar eich teulu, a dweud pethau fel
'Dach chi'n edrych yn *stunning* fel'na, Mam,' a 'Roedd y
swper yna'n fendigedig, Dad.' (Be? Dyw'ch tad chi ddim
yn coginio? Rhag ei gywilydd o – rydan ni'n byw yn yr
unfed ganrif ar hugain rŵan! Ond efallai mai angen

'chydig o ganmoliaeth mae o.) Ond byddwch yn ofalus rhag ofn i'r sioc fod yn ormod iddyn nhw. Y tric arall yw dewis y peth iawn i'w ddweud ar yr achlysur iawn. Er enghraifft, peidiwch â dweud: 'Dwi'n hoffi dy wallt di fel'na' os ydyn nhw newydd gael eu llusgo allan o'r domen dail.

Casáu

Mae Cariad yn gallu troi'n gasineb pur mewn eiliad. Nage, mewn amrantiad. Un munud, all y byd ddim troi hebddach chi, y munud nesa mae'r byd yn gwrthod troi

nes y byddwch chi wedi dringo oddi arno, a'ch llond bag o anrhegion anffodus gyda chi. Felly be allwch chi ei wneud? Ylwch, mae ffawd a Ciwpid yn gallu bod yn hurt bost weithiau. Un munud, mae eich cariad yn glafoerio drostach chi i gyd, a'r munud nesa, mae'r cwbwl drosodd ac mae o/hi'n glafoerio dros rywun arall. Pam? Be wnaethoch chi o'i le? Dweud fod tîm pêl-droed Lerpwl/y Super Furry Animals yn anobeithiol? Bod yn rhy glên gyda'i ffrind gorau? Prynu anrheg rhy rad?

Does wybod, ond y peth ydi, mae eich Anwylyd bellach wedi gwirioni ar rywun arall. Mae'n digwydd, ac mi fyddwch chi'n ei gasáu o/hi am hyn, ond mae o fel llyncu darn o bres. Mae'n brifo ar y pryd, ond mi basith. Y peth gorau allwch chi ei wneud yw anghofio a symud ymlaen.

Cenfigen

Mae hwn yn gallu lladd mwy o garwriaethau nag y gallai Ciwpid byth bwyntio ei saeth atyn nhw. Yn anffodus, pan fyddwch chi'n dod o hyd i rywun arbennig, mae teimlo y gallech chi ei golli yn dod yn naturiol, bron. Mi fyddwch yn gofyn i chi eich hun: 'Pam ei fod yn fy ngharu i? Dwi'n neb arbennig, wedi'r cwbl.' Ie, dach chi'n gwybod hyn, dwi'n gwybod hyn. Ond tydi o/hi ddim. Neu o leia ddim nes i chi ddechrau ymddwyn fel pawb arall – yn mynd yn genfigennus, yn feddiannol, yn gwneud bywyd eich Anwylyd yn uffern.

'Ond alla i ddim helpu fy hun!' fe'ch clywaf yn protestio.

'Gwnewch eich gorau glas,' atebaf innau, 'neu golli'ch Anwylyd.'

Cerddoriaeth

Rhan bwysig tu hwnt o iaith Cariad. Yn ôl Shakespeare, mae o'n 'fwyd Cariad'. (Dydi hynna ddim yn swnio hanner mor ramantus yn Gymraeg. Mae o'n swnio'n debycach i wraig yn rhoi plataid o wy a sglodion ar y bwrdd a gweiddi 'Bwyd, cariad!' ar ei gŵr.) Iawn, felly yn ôl yr hen Wil, mae o'n 'food of love'. A deud y gwir, mae rhai tai bwyta yn cyflogi feiolinydd i serenêdio cyplau sydd ar ganol bwyta. Wnes i 'rioed ddeall hynna; mae Mam wastad wedi pregethu wrtha i am beidio

ffidlan efo 'mwyd. Ta waeth, i'r rhai yn ein mysg sydd
ddim yn gallu fforddio tai bwyta crand gyda ffidlwyr
ffansi, mae'r stereo'n hen ddigon da. Wn i ddim
amdanoch chi, ond mae 'na rai caneuon yn fy mywyd
sy'n dod ag atgofion cry iawn, bob un wan jac ohonyn
nhw'n rhai rhamantus. Dyna lle ro'n i'n cerdded dros
Bont yr Aran yng ngolau'r lloer, law yn llaw gyda
Meirion Hughes. Ac yn y pellter, Caryl a'r Band yn dod
drwy ffenest agored. Wel, llais Caryl o leia. Roedd
hynna'n rhamantus. Wel, mi roedd o nes i Meirion
ddisgyn i'r afon. Dwi'n dal ddim yn deall sut
ddigwyddodd hynna – dim ond gwthiad bach chwareus
rois i iddo fo. Ond roedd y gân yn addas: 'Chwarae'n
Troi'n Chwerw'. Ac mi roedd o. Yn chwerw iawn.

Ddywedodd o 'run gair wrtha i am bythefnos. Ac wedyn dyna i chi Bleddyn yn ceisio ffidlan efo 'mra i yn y tywyllwch i gyfeiliant rhywbeth gan Elastica. Elastic? Roedd y bra yna'n debycach i ddur wedi'i weldio'n sownd. Doedd gan y siop ddim hawl galw'r fath beth yn fra. Ond roedd o'n rhamantus. Nid y bra – yr achlysur. Wel, o fath. Ac mae 'na gymaint mwy o enghreifftiau cerddorol fel'na. A dweud y gwir, mae fy nghasgliad recordiau i yn un domen fawr *vinyl* o atgofion, pob disg yn freuddwyd a faluriwyd yn deilchion. A be sy'n dda am *vinyl* ydi eich bod chi'n gallu troi'r record yn flwch llwch. A dyna pam fod *vinyl* yn boblogaidd eto, siŵr gen i.

Coesau

Mae coesau yn un (wel, dau ta) o'r rhannau o'r corff sy'n gallu denu darpar Gariadon. Y broblem ydi fod gwahanol fathau o goesau yn mynd i mewn ac allan o ffasiwn, tra bod eich coesau chi (a rhai pawb arall) yn aros yn union yr un fath. Trist, tydi? Wel, mae'n gallu

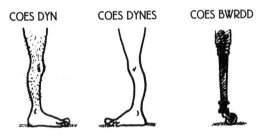

COES DYN   COES DYNES   COES BWRDD

bod. Ond ar y llaw arall efallai bod ganddoch chi goesau bendigedig. (Ond os oes ganddoch chi goesau bendigedig ar eich llaw arall, efallai y dylech chi fynd am lawdriniaeth i'w symud nhw lle maen nhw i fod!) Os nad oes ganddoch chi goesau bendigedig yr wythnos yma, mi fydd ganddoch chi yr wythnos nesa oherwydd bydd y ffasiwn wedi newid erbyn hynny.

Croen Eliffant

Rhywbeth cwbl hanfodol i chi ei fagu os byddwch chi'n mopio efo rhywun yn yr ysgol. Yn enwedig pan gaiff eich ffrindiau wybod, ac yn enwedig os ydi'r person yma yn bishyn go handi. Mi fyddan nhw'n tynnu arnach chi'n ddidrugaredd. Anwybyddwch nhw. Dim ond cenfigen ydi o. A ph'run bynnag, does dim diben cega gyda'ch ffrindiau am y peth, jest rhag ofn na wnaiff y garwriaeth bara.

Crysh (gair Cymraeg modern, e.e: 'bod â chrysh ar...')

Os oes yna derm Cymraeg am hwn, mi fethais i ddod o hyd iddo. Efallai nad ydi o'n gyflwr Cymreig. O, ydi mae o. Ond mae cryshys yn aml yn bethau diniwed, er nad ydyn nhw'n teimlo felly ar y pryd. Pan ynghanol crysh,

mae'n teimlo fel Cariad go iawn. Na, y broblem fel arfer ydi pwy bynnag sy'n destun eich crysh, ac fe allai fod yn unrhyw un o'r athro/athrawes hanes i'r ci drws nesa. Wel, dyw ci drws nesa ddim mor ddrwg. Dydi o erioed wedi lladd rhywun, ac mae ganddo set gyflawn o ddannedd, ond *athro/athrawes?* Y broblem gyda'r cryshys 'ma yw eu bod nhw'n eich codi'n yr awyr, eich troi rownd a rownd fel top nes bod eich ymennydd tu chwith allan, ac yna'n eich gollwng o uchder mawr, i lanio ar – affliw o ddim. Ddim hyd yn oed bar o siocled. Hefyd, gan amla, does 'na ddim rheswm o fath yn y byd dros gael crysh. Tra mae pawb arall yn ffansïo hwnna neu honna yn 10W, rydach chi'n breuddwydio am yr athro/athrawes mathemateg. *Mathemateg?!* Wrth gwrs, mae'n bosib nad peth rhywiol mo hyn (yn enwedig os ydan ni'n dal i sôn am gi drws nesa). Yn aml iawn, mae pobl yn mopio'u pennau (nid yn llythrennol, wrth reswm) gyda phobl maen nhw'n eu hedmygu: capten y tîm pêl-droed, capten y tîm hoci, y tîm hoci i *gyd.* Y pwynt ydi, does ganddoch chi ddim rheolaeth dros grysh. Yr unig beth da amdanyn nhw yw eu bod nhw'n darfod, yn y diwedd. Mae caru rhywun sydd ddim yn eich caru chi yn brofiad ofnadwy, a dyna beth yw crysh, yn y bôn. A gan amla, allwch chi ddim hyd yn oed ddweud wrth y person sut rydach chi'n teimlo. Petaech chi'n gallu gwneud hynny, o leia fe allai'r ddau ohonoch chi chwerthin am y peth a chael gwared ohono felly. Ond na, dyw Cariad byth yn eich rhyddhau mor hawdd â hynna.

Cusanu

Mi all cusanu fod yn gyfarchiad clên i gyfaill neu aelod o'r teulu. A deud y gwir, dwi bron yn siŵr mai dyma sut mae rhai aelodau o'r teulu yn pasio eu trwynau mawr/dannedd ceffyl o un perthynas i'r llall. Dwi'n

CYWIR ✔   ANGHYWIR ✘

gwybod mai rhyw hen fodryb roddodd fy nolur annwyd
cynta i mi, a rŵan dwi'n cael un bob tro y bydd gen i
annwyd! Ond mae cusanu *go iawn* yn rhywbeth cwbl
wahanol, diolch byth. (Ond peidiwch â chusanu neb efo
dolur annwyd!) Mae'r gair 'snogio' wedi treiddio i
mewn i'r iaith Gymraeg hefyd – a dyna i chi air sy'n
cyfleu'r sŵn a'r teimlad ...

Mae cusanu mor, mor bwysig yn y busnes caru 'ma,
ond mi fyddech chi'n synnu cyn lleied o bobl sy'n gallu
snogio'n iawn. Dwi ddim yn sôn am y busnes gludio
gwefusau. Mater o osgoi trwyn y person arall a chadw
eich gwefusau'n llac ydi hwnnw. Wel, ddim yn rhy llac,
neu mi fydd eich gên chi'n wlyb. A'ch crys. Ac nid mor
llac fel bod y person arall yn amau fod rhywun wedi rhoi
cadach gwlyb dros eu gwefusau nhw chwaith. Y tric ydi
gadael i'r gwefusau gyfuno, i ymdoddi yn un harmoni
hyfryd. (Ydw i'n dechrau swnio fel beirniad Cerdd
Dant? Sori. Dechrau cynhyrfu, mae'n rhaid.) Os ydach
chi'n teimlo fel petaech chi ar fin brathu pen eich
partner i ffwrdd, neu dynnu eu tonsils allan, mae 'na
rywbeth o'i le. Ac os ydach chi'n teimlo fel petai eich
perfedd yn cael ei sugno allan drwy hwfyr, mae 'na
rywbeth mawr o'i le. Ond doeddwn i ddim am sôn am

hynna – er 'mod i newydd wneud. Ro'n i'n meddwl mwy yn nhermau *pryd* i gusanu rhywun. Dyma gwpwl o bwyntiau allai fod o ddefnydd i chi ynglŷn â'r adegau gorau i gael snog:

1 Pan maen nhw'n eich wynebu chi, oni bai eich bod chi'n hoff iawn o gnoi gwallt.

2 Pan fyddwch chi ar eich pennau eich hunain, oni bai eich bod chi'n hoffi cael pobl yn pwyntio atoch chi a chwerthin, neu'n taflu bwced o ddŵr oer drosoch chi.

3 Pan maen nhw eisiau snog.

Mae'r un ola'n anodd. Sut allwch chi ddeud pryd maen nhw eisiau i chi eu cusanu? Mi allech chi ofyn, am wn i. Ond mae hynna braidd yn nàff, a beth os ydyn

nhw'n deud: 'Na, dim diolch' neu jest yn chwerthin fel hyena? Gwell cadw at y rheol: 'Os nad wyt ti'n siŵr, paid,' er y gallai hynny olygu colli ambell gyfle gwych i gael hymdingar o snog fythgofiadwy. (Pan maen nhw'n dda, ew, maen nhw'n dda ... eich penliniau'n gwegian, eich stumog yn bili palas i gyd, eich pen yn troi, eich traed yn gadael y ddaear – mae'n ddrwg gen i. Dechrau cynhyrfu eto, mae'n rhaid.) (Lle ro'n i? O ia ...) Peidiwch â dechrau snogio dan yr amgylchiadau canlynol:

1 Cyn i chi gael eich cyflwyno. Dyw pobl ddiarth ddim yn debygol o werthfawrogi hyn.

2 Os bydd y person rydach chi ar fin eu cusanu yn digwydd bod mewn llond vat o asid ar y pryd. Oni bai mai chi a'i rhoddodd ynddo.

Dilynwch y cynghorion uchod, ac mi ewch yn bell.

Cwtsho/Cofleidio (neu wasgu, neu gael 'cydl')

Y tro cynta i mi glywed y gair 'cwtsho' oedd mewn cân bop gan 'Y Trwynau Coch'. (Dydach chi ddim yn cofio'r rheiny, nac'dach? Hm. Dwi'n dangos fy oed. Ond o leia mae hynny'n brawf fod gen i flynyddoedd o brofiad o'r busnes caru (a chwtsho) 'ma.) Wyddwn i ddim beth oedd o'n ei feddwl, ond dyna fo, pwy sy'n deall hanner y geiriau yn y caneuon 'ma? Wedyn, tra o'n i yn y coleg, ro'n i'n mynd efo hwntw, ac mi ofynnodd hwnnw am 'gwtsh'. Ro'n i methu deall pam, gan nad oedd ganddo hamster, heb sôn am gerbil. Wedyn ges i gwtsh.

'O! Cydl ti'n feddwl!' Ond ro'n i'n falch 'mod i bellach yn gallu ei wneud o yn Gymraeg.

Ta waeth, un peth y gallech chi ddibynnu arno pan

oeddech chi'n blentyn oedd cael cwtsh da gan eich rhieni. Neu hyd yn oed gwtsh sâl, gan fod rhieni, yn aml, yn gorfod dysgu sut i gwtsho – tydi o ddim yn rhywbeth sy'n dod yn naturiol i bawb. Ond dyna i chi deimlad braf – cael cwtsh mawr hir! Dyw'r rhan fwya o ferched ddim yn anghofio sut i werthfawrogi cwtsh. Ond – yng Nghymru o leia – mae 'na lawer gormod o fechgyn yn anghofio'r grefft rhywle o gwmpas yr arddegau. Mae'n rhaid eu bod nhw'n penderfynu ei fod yn beth 'merchetaidd' neu 'fabïaidd' i'w wneud. Trueni. Dwi'n meddwl y byddai'r byd yn lle llawer hapusach pe bai arweinwyr pob gwlad yn cwtsho'i gilydd. Mi fyddai'n llawer haws iddyn nhw roi cyllell yng nghefnau ei gilydd hefyd!

Cyfaill

Mae cyfeillgarwch yn fath o Gariad, ond byddai angen llyfr cyfan arall i drafod y berthynas arbennig yma yn llawn. Felly, am y tro, cofiwch ei bod hi'n hanfodol i'ch Cariad fod yn gyfaill da hefyd. Dyw'r ddau beth ddim bob amser yn cyd-fynd, ond mae'n bwysig eu bod nhw, os yw'r berthynas i bara.

Cyn-gariadon

Un anodd. Os ydach chi wedi ffraeo go iawn gyda'ch cariad wrth wahanu, mae'n haws. Oedd, roedd o'n boenus ar y pryd ond, yn y pen draw, dyma'r sefyllfa orau. Mae pawb yn gwybod lle maen nhw'n sefyll: rydach chi a'ch cyn-gariad yn casáu gyts eich gilydd, a dyna fo.

Os ydyn nhw neu chi yn dechrau canlyn gyda rhywun arall, dyw cenfigen ddim yn codi ei ben. (Wel, ddylai o ddim, ond mae'n siŵr o wneud i raddau.)

Dychmygwch y sefyllfaoedd canlynol:
1 Chi orffennodd efo nhw, ac maen nhw'n dal i'ch caru chi.
2 Nhw orffennodd efo chi ac mi rydach chi'n dal i'w caru nhw.
3 Rydach chi'ch dau yn dal i hoffi'ch gilydd yn arw, ond ddim ond fel ffrindiau.

HEN GARIAD, IA?

Mae 1 a 2 yn ddigon anodd. Yn 1 maen nhw'n mynd i wneud bywyd yn anodd iawn, iawn i'r person sy'n cymryd eu lle. Yn 2, mi rydach chi'n mynd i'w chael hi'n anodd setlo efo neb arall, a hyd yn oed os llwyddwch chi yn y diwedd, fyddwch chi ddim yn gallu peidio cymharu drwy'r amser. Ond 3 ydi'r un gwaetha o bell ffordd. Dyna lle mae'r ddau ohonoch chi, yn dal yn ffrindiau, ac yn bod yn gall ac aeddfed ynglŷn ag aros yn ffrindiau. Ond ydach chi'n meddwl fod pawb arall yn mynd i adael i chi wneud hyn? Peidiwch â bod yn wirion! Dyma'r math o beth mae Ciwpid yn ymhyfrydu ynddo fo. Mae o'n un sâl am saethu, ond mae o'n waeth fyth am arddio. A be mae o'n llwyddo i'w wneud yw plannu hadau o genfigen ac amheuaeth ymhob cariad newydd gewch chi. 'Jest ffrindia?! A ti'n disgwyl i mi gredu hynna?!' Mi fyddwch chi wedi cael cymaint o lond bol, mi fyddwch chi isio rhoi'r gorau i'r holl beth a chanolbwyntio ar waith ysgol. Ac mae hynna'n beth difrifol iawn, iawn.

Cymodi

Does 'na ddim un cwpwl yn y byd 'ma sydd erioed, erioed wedi cael ffrae. Mae 'na rai sy'n ffraeo o hyd, ond yn berffaith hapus gyda'i gilydd. Ond, fel maen nhw'n dweud: allwch chi ddim gwneud omlet heb dorri 'chydig o wyau. Mae 'na rai sydd ddim yn gallu gwneud omlet heb dorri 'chydig o esgyrn chwaith, ond mae'n debyg mai byrhoedlog fydd y carwriaethau hynny.

Ond mae cymodi'n braf. Wel, ar ôl i chi gyfadde bod 'na fai ar y ddwy ochr. Ac mae'n rhaid gwneud hynny, neu wnaiff y grachen ddim gwella'n iawn. A dach chi'n gwybod be sy'n digwydd wedyn, tydach? Un gnoc fach, ac mi fydd yn dechrau gwaedu eto. Felly maddau sydd raid! Tan y tro nesa.

Dawnsio

Mae dawnsio wastad wedi bod yn rhan bwysig o ddefodau caru. Ers oes yr arth a'r blaidd, mae'n siŵr, er, go brin eu bod nhw wedi dawnsio – ddim efo'i gilydd beth bynnag. Ond mae gwahanol fathau o ddawnsio yn golygu gwahanol bethau, felly gwell deall hynny cyn gwneud penci go iawn ohonoch chi'ch hun yn y clwb neu ddisgo'r ysgol. Dyna rai o'r rhai mwyaf cyffredin:
Dawnsio Bag Llaw neu 'Handbag'
Gwneir hyn gan amlaf gan grŵp o ferched sy'n cael 'noson allan efo'r genod'. Mae'r mynydd o fagiau ar ganol y llawr yn golygu fod 'run ohonyn nhw'n fodlon aros wrth y bwrdd i edrych ar ôl y bagiau; na, maen nhw i gyd isio bod allan fan'na yn bŵgio i Bryn Fôn. Felly poeni am gynnwys eu pyrsau maen nhw, er y gallech chi weld tebygrwydd rhyngddyn nhw a llwyth o wrachod yn dawnsio o amgylch crochan yn y goedwig. (Efallai mai yn y crochan roedd gwrachod yn arfer cadw eu pyrsau?)

Y camgymeriad mawr yw fod llawer iawn o ddynion yn credu mai criw o ferched yn chwilio am gariad yw'r rhain (y merched yn y clwb/disgo – anghofiwch am y gwrachod am funud). Ddim o gwbl – wel, efallai eu bod nhw, ond camgymeriad ydi cymryd hynny'n ganiataol. O ie, pe bai rhyw hỳnc o foi

FYDDI DI'N DOD YMA'N AMAL?

arallfydol o rywiol yn digwydd taro i mewn ... pwy a ŵyr? Ond ar hyn o bryd, maen nhw'n cael coblyn o amser da gyda'u ffrindiau, a'u bryd ar ddawnsio drwy'r nos, a dydyn nhw ddim yn meddwl am ddynion am eiliad. Wrth gwrs, bydd rhai o'r 'hogia' yn credu: 'Na! Fydden nhw ddim yn dod i'r clwb 'taen nhw ddim yn chwilio am ddyn!' Prawf pendant mai'r camgymeriad mae dynion yn ei wneud bob tro yw barnu merched yn ôl eu safonau gwrywaidd eu hunain.

Twmffatio
(Dawnsio'n hollol wallgo a hurt, heb syniad o rythm.)
Dyma fersiwn y bechgyn o 'ddawnsio bag llaw' y merched. Dim ond bod gwreiddiau hwn yn nwfn yn Natur. Mae'n rhywbeth anifeilaidd. Rydach chi i gyd wedi gweld peunod yn strytian o gwmpas y lle i ddenu'r ieir, yn agor eu

cynffonnau fel ffan, a'u pennau'n mynd bob sut, yn do? Wel, dyna be mae'r bechgyn yn ei wneud, ond heb y steil. Maen nhw am i'r merched sylwi arnyn nhw. Ac wrth gwrs, fedr y merched ddim peidio, gan fod y bechgyn wedi malu pob dodrefnyn o fewn canllath gyda'u dawnsio gwallgo bost. Yn anffodus, maen nhw hefyd eisiau gwneud argraff ar y merched. Ac wrth gwrs, dyw twmffatio ddim yn gwneud hynny. Trist, tydi?

Dawnsio Parti

Fel arfer, gwneir hyn mewn stafell fechan yn llawn o bobl i gyd yn dawnsio ar yr un pryd. Efallai fod 'na 'chydig o gyffwrdd diniwed (neu ddim) yn mynd mlaen ond, yn y bôn, mae pawb yn canolbwyntio ar y dawnsio a jest 'joio mas draw'. Ond mae'n hawdd camddeall eich gilydd fan hyn hefyd. Jest am fod rhywun yn digwydd  gafael yn eich llaw chi ynghanol y dawnsio 'ma i gyd, dyw hynny ddim yn golygu eu bod nhw wedi syrthio mewn Cariad efo chi. Jest cael parti maen nhw, a chafodd Ciwpid 'run gwahoddiad. Ond, mae o'n goblyn o foi am bicio mewn beth bynnag ...

Dawnsio'n Ara (neu 'smoochio')

Ydi, yn bendant, mae hyn yn golygu bod eich partner a chithau â thipyn o feddwl o'ch gilydd. Wel, gan amlaf. Mae 'na ganeuon sy'n gwneud i chi eisiau cydio'n dynn yn rhywun (unrhyw un). Dyw hyn ddim yn amhleserus, cyn belled â'ch bod chi'n gwybod sut i wneud iddyn nhw ollwng gafael wedyn. Felly mae'n hanfodol eich bod chi'n gweithio allan yn gyntaf, cyn mynd i'r ymrafael:

a) fyddan nhw isio i chi ddawnsio'n ara gyda nhw, neu;

b) ai jest y math yna o gân ydi hi.

Yn amlwg, os ydyn nhw'n gwasgu eich asennau chi'n dynn yn ystod 'Bing Bong Be' mi allwch chi fentro bod Cariad yn curo yn eu calon (neu maen nhw'n mynd i chwydu unrhyw funud). Pwynt arall i'w ystyried cyn mentro ar y ddawns arbennig yma yw gweithio allan ymlaen llaw pwy sy'n rhoi eu breichiau ymhle.

Dawnsio Gwirion – Sori – Gwerin

Does 'na ddim rhithyn o ramant yn perthyn i ddawnsio gwerin, sy'n egluro pam ei fod mor boblogaidd mewn ysgolion cynradd, Eisteddfodau a Gwersylloedd yr Urdd. Mae athrawon a swyddogion yn teimlo'n ddiogel gyda'r ddawns yma, a'r cwbl sy'n rhaid iddyn nhw ei

wneud yw gorfodi bechgyn a merched i ddal dwylo mewn cylch (mae angen ychydig mwy o berswâd ar y bechgyn – ond poeni am eu dwylo chwyslyd maen nhw) a gweiddi pethau fel 'Promenâd!' 'Ffigwr wyth!' 'Polka!' Ac ar ddiwedd y ddawns mae pawb yn addunedu na fyddan nhw byth bythoedd, nefar in Iwrop, yn mynd ar gyfyl dawns werin eto. Sy'n biti, ac yn od, gan fod y rhan fwyaf o ddawnsfeydd gwerin â'u gwreiddiau mewn gwyliau paganaidd, oedd yn llawn o Gariad a rhyw bethau felly, ac yn hynod boblogaidd ac yn llwyth o hwyl. 'Sgwn i a yw'r athrawon yn sylweddoli hyn?

Dêt

Rhan bwysig iawn o'r broses garu. Wedi'r cwbwl, allwch chi ddim dod i nabod rhywun oni bai eich bod chi'n treulio 'chydig o amser yn eu cwmni nhw. Y peth anodd am fynd ar ddêt yw … ym … wel … y cwbwl, a bod yn onest. Mae jest cael dêt yn y lle cynta yn gallu bod yn homar o broblem.

Dychmygwch eich bod chi'n fachgen. Dach chi'n ffansïo'r ferch 'ma. Ond ydi hi'n eich ffansïo chi? Sut allwch chi ddod o hyd i'r ateb? Gofyn iddi? Gofyn i rywun arall ofyn iddi? Cael rhywun i'w hypnoteiddio hi a'i gael o allan ohoni tra mae hi mewn trans? Na – mae'n debyg mai gofyn iddi ddod ar ddêt fyddwch chi. Os ydi hi'n deud 'Ych, na!' mi fyddwch chi'n gallu deud nad ydi hi'n eich ffansïo chi. Os ydi hi'n deud 'Ia, iawn,' mi fyddwch chi'n gallu deud nad ydi hi'n eich casáu chi – wel, ddim eto!

Dychmygwch rŵan eich bod chi'n ferch. Dach chi'n ffansïo'r boi 'ma. Sut dach chi'n gallu ei gael o i ofyn i chi fynd ar ddêt efo fo? Neu dach chi jest yn gofyn iddo fo eich hun? Ond be os ydi o'n gwrthod? Ydach chi'n talu rhywun arall i ofyn ar eich rhan? Anodd, tydi? A meddyliwch sut fyddech chi'n teimlo petai'r bachgen rydach chi'n ei ffansïo yn dweud 'Ych, na!' wrthach chi!

Iawn, dychmygwch fod y lol yna i gyd drosodd. Lle dach chi'n mynd ar eich dêt? Pwy sy'n talu? Ydach chi'n cynnig talu drosoch eich hun? Ond os ydi merch yn gwneud hyn, fydd y bachgen yn dal dig, neu'n diolch i'r drefn? Ac os ydi bachgen yn cynnig hyn, fydd y ferch yn meddwl ei fod o'n Gardi bach tyn? A dyna ni, ylwch, rydan ni wedi rhestru llwyth o broblemau'n barod, a dim ond sefyll o dan gloc y dre (neu ble bynnag y

gwnaethoch chi drefnu i gyfarfod) rydach chi. AAA! O dan y cloc drefnon ni, yndê? Dyna i chi rywbeth arall ynglŷn â'r busnes yma – ceisio cofio pryd a lle roeddech chi wedi ei drefnu. Mae'n talu i gofio pethau fel hyn os ydach chi am i'r noson ddechrau'n dda. Wedyn mae gynnoch chi'r dêt ei hun. Sut mae holi be fydden nhw'n hoffi ei wneud heb iddo edrych fel taech chi'n hesb o syniadau? Mae 'Be t'isio ni neud?' braidd yn amlwg. Os mai chi sy'n talu, ydach chi'n gwneud hynny er mwyn creu argraff, er eich bod yn gwybod yn iawn na fyddwch chi'n gallu fforddio hynna eto am o leia tair blynedd? A be sy fod i ddigwydd ar ddiwedd y noson? Ddylech chi roi sws iddyn nhw? Ac os rowch chi sws iddyn nhw, fyddan nhw isio sws yn y lle cynta? Ac os fyddan nhw, fyddan nhw'n disgwyl i chi fynd fymryn yn bellach? Yr holl ffordd at ddrws eu tŷ, efallai? Dach chi'n gweld? Mae'r holl beth fel cors. Yr hyn sy'n bwysig i'w gofio yw *na* ddylech chi fynd o gwmpas yr ysgol y diwrnod wedyn yn dweud: 'Gesiwch be! Mi fues i'n snogio efo Dylan Dwl/Ceri Grafu neithiwr!!' Holl bwynt dêt yw i fod yng nghwmni rhywun rydach chi'n ei hoffi ac i weld a ydach chi'n dod ymlaen yn dda – a dod i'w nabod nhw'n well. A rhoi cyfle iddyn nhw ddod i'ch nabod chithau. Ond fyddwch chi'n darganfod fawr ddim os byddwch chi'ch dau yn rhy swil i ddweud be rydach chi'n ei deimlo.

'Del'

Defnyddiol iawn i alw rhywun os nad ydach chi'n gallu cofio eu henw.

Diwedd y Byd – neu ydi o?

Mae cael eich taflu ar y domen gan eich cariad yn aml yn teimlo fel diwedd y byd, ac mi fyddwch yn teimlo nad oes pwynt byw. Er ei fod yn anodd credu hynny ar y pryd, mae pawb (bron yn ddieithriad) yn dod ato'i hun yn y diwedd. Weithiau mae'n cymryd blynyddoedd. Weithiau fisoedd, dyddiau, oriau. Weithiau mae'n gallu para cymaint â munud gyfan. Ond weithiau mae'n help cofio y bydd o'n siŵr o ddigwydd iddyn nhw hefyd ryw ben. Ha!

Dyddiadur

Darllenwch ddyddiadur unrhyw ferch ifanc ac mi gewch wybod ei holl gyfrinachau serch. Darllenwch ddyddiadur unrhyw ferch ifanc ac mi fydd eich braich wedi'i thorri mewn o leia dau le hefyd. Ond dyna lle mae merched yn cofnodi pob dim ynglŷn â'u teimladau dyfnaf. Mae dyddiaduron bechgyn yn tueddu i fod yn llawn o stwff fel: 'Gêm bêl-droed. Mi enillon ni 3-2. IEEEEEE!'

Ond cyn i chi fechgyn ddechrau meddwl: 'Reit! Felly, os dwi isio gwybod a ydi Leah Roberts yn fy ffansïo i, y cwbwl sydd raid i mi ei wneud ydi picio mewn i Oxfam a phrynu'r holl geriach y bydda i ei angen er mwyn gwisgo i fyny fel Spiderman, torri i mewn i'w thŷ hi, torri i mewn i'w llofft hi, torri i mewn i'w dyddiadur hi a darllen amdanaf fi'n hun!' Anghywir am nifer o resymau:

1 Mae'n anghyfreithlon.

2 Dyw Oxfam ddim yn gwerthu dillad Spiderman.

3 Efallai bod Spiderman yn gallu dringo i fyny waliau, ond tydach chi ddim, felly mae'n debyg y byddech chi angen ysgol go hir, ac maen nhw'n eitha drud oni bai eich bod chi'n ffrindiau â glanhäwr ffenestri.

4 Mi wnaiff hi dorri eich braich chi mewn o leia dau le...

A ph'run bynnag, ei dyddiadur hi ydi o, nid eich un chi. Mae o'n breifat. Sanctaidd, hyd yn oed. Hyd yn oed os ydi hi'n eich ffansïo chi ar hyn o bryd, meddyliwch sut fyddai hi'n teimlo tasech chi'n ceisio darllen ei dyddiadur hi! Mae gan ferched gof fel eliffantod – tydyn nhw *byth* yn anghofio, felly cofiwch hynny. Ydi, dwi'n cyfadde, mae'n ofnadwy o anodd gweithio allan a ydi rhywun yn eich ffansïo chi neu beidio, ond y ffordd orau i ddelio gyda hyn ydi bod yn onest. Gofynnwch iddi a fasai hi'n hoffi dod allan efo chi ryw dro.

Ac mae'r un peth yn wir i ferched. Peidiwch â darllen dyddiadur bachgen. Oni bai eich bod chi wir isio gwybod sut hwyl gafodd tîm Lerpwl arni dros y penwythnos.

Ffan

Mae bod yn ffan yn debyg iawn i fod mewn Cariad, ond mae'n fwy o eilun-addoli. Cofiwch, mae'n gallu teimlo fel 'y peth go iawn' ar y pryd. Nes i'r 'peth go iawn' eich taro, wrth gwrs. Mi ddywedodd bardd Saesneg o'r enw Adrian Henry, unwaith: 'Love is a fan club with only two fans', sy'n gwneud lol llwyr o'r ffaith bod miloedd o bobl yn addoli grŵp roc. Ond dyw bod yn ffan ddim o anghenraid yn deimlad llai angerddol na chariad; weithiau, mae'n gallu bod yr un mor boenus. Dwi'n cofio crio am ddyddiau pan fu farw Mark Bolan (Pwy?! Dangos fy oed eto. Gofynnwch i Mam). A phan chwalodd Edward H. Dafis, mi fu Dewi Pws yn crio am ddyddiau!

Ffansïo

Mae 'ffansïo' yn un o'r geiriau Saesneg 'na sydd bellach yn rhan o'r iaith Gymraeg gyfoes – mae o hyd yn oed yn y Geiriadur, mi wnes i sbio rhag ofn. Ond mae o hefyd yn un o'r geiriau 'na rydan ni'n eu defnyddio i sôn am gant a mil o emosiynau, yn enwedig Cariad. Gan amla, caiff ei ddefnyddio pan fydd rhywun yn teimlo nad ydi o'n 'cŵl' i gyfadde eich bod chi'n caru rhywun. Ac mae'n anodd cyfadde o flaen eich ffrindiau eich bod chi'n ffansïo rhywun, rhag ofn y bydd y 'rhywun' hwnnw'n chwerthin yn eich wyneb chi pan fyddwch chi'n gofyn iddyn nhw fynd allan gyda chi. Mi allwch chi wastad ddweud, 'Ond do'n i m'ond yn eu ffansïo nhw'r mymryn lleia,' ac yna sleifio i ffwrdd i'r cysgodion i guddio.

Ffasiwn

Hynod bwysig! Gan amla, mae Cariad yn tyfu oherwydd eich bod chi'n hoffi cymeriad rhywun. Ond, yn anffodus, mae'n anodd gweld cymeriad rhywun os ydyn nhw wedi gwisgo fel rhywbeth allan o'r jymbl sêl agosa. Mae'n biti garw am hyn, gan ei fod o'n beth arwynebol iawn, ac mi ddylen ni allu gweld drwy'r dillad (a nage, nid *dyna* be oeddwn i'n ei feddwl ...) ond byd fel'na rydan ni'n byw ynddo. Ers canrifoedd, erbyn meddwl. Mae'n siŵr bod pobl Oes y Cerrig yn teimlo'r un peth yn union. 'Ych! Alla i ddim mynd efo hwnna, mae o'n gwisgo croen mamoth, ac aeth croen mamoth allan efo'r deinosoriaid. Mae pawb yn gwybod mai croen arth sydd i mewn eleni ...!'

Felly sut ydach chi fod i allu gwisgo'n iawn a bod â digon o arian i allu mynd allan efo 'Pwy'na,' pwy bynnag ydyn nhw? Gyda thrafferth, a bod yn onest, oni bai fod Dadi'n filiwnydd, a does na'm llawer o'r rheiny yng Nghymru. Yr hyn sy'n bwysig i'w gofio ydi bod y rhan fwya o bobl yn yr un cwch, a bod llawer mwy i berthynas na dim ond edrych yn dda. Ac os ydach chi wedi bod yn canlyn am bythefnos, a'r cwbl rydach chi'n poeni amdano ydi'r ffordd rydach chi'ch dau yn edrych, go brin y gwnaiff hyn ddatblygu'n Gariad. Ond dyw hynna fawr o help yn y pen draw chwaith, nac'di? Achos os ydi'r berthynas yn chwalu, mi fyddwch chi eisiau edrych yn ffantastig, er mwyn denu'r cariad nesa!

Fflyrtio

Mae'r rhan fwya o bobl yn mwynhau hyn, ond mae'n achosi mwy o gega a ffraeo nag unrhyw Ryfel Byd. Dylid fflyrtio'n ofalus a doeth, ac nid yn rhy aml. Er enghraifft, peidiwch â fflyrtio gyda chariad eich ffrind

gorau. Oni bai fod eich ffrind gorau yn rhywle arall.
(Jôc!) Peidiwch â fflyrtio gyda'ch Nain. Na'r athrawon.
Na chariad hedbangar perycla'r sir. Ond mae 'chydig o
fflyrtio diniwed gyda phobl yn yr ysgol, mewn siopau
ayyb, yn gallu gwneud y byd o les i'ch hyder chi. Ond
be'n union sy'n rhaid ei wneud? Canmol. Bod fymryn
yn ddigywilydd, ond nid yn ormodol – tynnu coes math
o beth; gwneud i'r person arall deimlo fel rhywun
'chydig yn arbennig; gadael iddyn nhw feddwl eich bod
chi'n eu ffansïo nhw heb roi'r argraff eich bod chi eisiau
mynd allan gyda nhw; cael 'chydig o hwyl gyda nhw.
Rhowch gynnig arni. Ond peidiwch â gyrru eich biliau
doctor/deintydd ata i.

Ffôn

Mi fyddai sawl perthynas yn chwalu'n rhacs heb hwn.
Os nad ydach chi'n gallu sgwennu llythyrau caru na
barddoniaeth, neu os ydach chi'n mynd yn nerfus pan
yn gorfod wynebu eich Anwylyd yn y cnawd (cecian,
baglu dros eich geiriau ac ati), y ffôn ydi'r teclyn i chi.
Mae'n rhyfeddol pa mor ramantus allwch chi fod pan
nad ydi'r Anwylyd yn sefyll o'ch blaen yn brwydro i
beidio pwffian chwerthin. Ond cyn i chi fryşio i
ddefnyddio dyfais wych Alexander Graham Bell,
gadewch i mi egluro sut mae'n gweithio:

1 Rydach chi'n gafael yn y ffôn a gwneud yr alwad.

2 Yna mae'r Anwylyd yn dod at y ffôn.

3 Yna mae eich rhieni yn cael y bil ffôn.

4 Yna rydach chi'n cael llond pen.

Wrth gwrs, dyma pam fod cymaint o ysgolion yn bla o ffônau symudol, a pham fod cymaint o bobl yn dal eu pennau ar un ochr er mwyn ceisio darllen pethau fel:

f<3 t, scsi

a

tan toc @>

Aha! Rydach chi'n ei wneud o rŵan, tydach!

Ffraeo

Elfen hanfodol o Gariad, er ei bod hi'n anodd credu hynny ar ganol ffrae. Ar y pryd, rydach chi'n meddwl: 'Pam fod f'Anwylyd yn dweud pethau fel hyn wrtha i? Ac yn waeth na hynny, pam mod i'n dweud y ffasiwn bethau wrthyn nhw?' Ond dull Cariad o brofi ei hun ydi ffrae fel hyn. Os nad yw dau gariad yn gallu dod drwy ambell ffrae, gorau po gynta iddyn nhw sylweddoli hynny.

Ffydd

Hanfodol ar gyfer unrhyw berthynas lwyddiannus. Pan rydach chi'n caru rhywun, y peth mwya naturiol yn y byd yw bod â ffydd lwyr ynddyn nhw. A dyna sy'n llorio rhywun pan fydd un ohonoch yn gwneud rhywbeth i chwalu'r ffydd honno. Effaith hir-dymor hyn yw y bydd y person gafodd ei dwyllo yn ei chael hi'n anodd iawn i fod â ffydd yn unrhyw un byth eto. Un o'r ffyrdd hawsaf i chwalu ffydd rhywun yw drwy beidio â bod yn onest gyda nhw ...

Gonestrwydd

'Gonestrwydd sy'n talu orau.' Gwir pob gair, ar bob achlysur sy'n ymwneud â Chariad. Y broblem gyda pheidio â bod yn onest yw eich bod chi'n creu'r cymhlethdodau rhyfedda i chi eich hunan. Dwi'n credu mai Mark Twain ddywedodd: 'Os ydach chi'n onest bob amser, fyddwch chi byth yn gorfod cofio unrhyw beth.' (Mark Twain ysgrifennodd *Tom Sawyer*, llyfr am fachgen oedd ddim ymysg y mwyaf gonest.) Yn y bôn, yr hyn roedd o'n ei ddweud oedd: yr eiliad dach chi'n dweud celwydd mae'n rhaid i chi gofio'r celwydd hwnnw sydd, yn ei dro, yn arwain at fwy o gelwyddau. Wrth gwrs, rydan ni i gyd yn cael ein hunain mewn sefyllfaoedd sy'n gofyn am blygu ychydig ar y gwirionedd, e.e. 'Mae'r tortois wedi bwyta fy ngwaith cartref i, Miss.'

Y broblem gyda Chariad yw sefyllfaoedd fel hyn: rydach chi newydd argyhoeddi eich Anwylyd mai'r rheswm na lwyddoch chi i'w gyfarfod neithiwr oedd oherwydd eich bod chi wedi gorfod brysio i'r ysbyty gyda feirws-12-awr anesboniadwy, ac yna mae rhywun yn dod rownd y gornel ac yn dweud, 'Welais i ti yn y pictiwrs gyda pwy'na o 11J neithiwr?' Wp-a-deis! ... Ond o ddifri – mae dweud celwydd wrth unrhyw un yn beth ych-a-fi, ond mae dweud celwydd wrth eich cariad yn beth ych-a-fi iawn, ac mae'n brifo. Ac mae brifo rhywun arall yn eich brifo chi.

Gorffen (neu 'Ddympio')

Weithiau, dyw pethau jest ddim yn gweithio. Mae'r lwmpyn Ciwpid 'na wedi anelu'n waeth nag arfer ac mae'r cwbl yn troi ben i waered. Ond sut mae deud wrth rywun eich bod chi eisiau gorffen? Wel, does 'na ddim ffordd hawdd. Neu o leia does 'na ddim ffordd rad. Y ffordd hawdd yw gwario ffortiwn ar lawdriniaeth gosmetig a symud i Alaska. Ond dyna fo, o nabod eich lwc chi, mi ddôn nhw draw yna ar eu gwyliau (i ddod dros eu calon friw) a syrthio mewn Cariad gyda chi unwaith eto, gan gredu eich bod chi'n rhywun arall. Y ffordd anoddaf, ond yr orau o ddigon, i adael iddyn nhw wybod, yw i ddweud wrthyn nhw. Yna rhedeg. Mae rhai pobol yn gofyn i ffrind fynd i ddweud wrthyn nhw, sy'n haws, ond yn beth cachgïaidd iawn i'w wneud. Mae cyhoeddi'r peth yn y papur lleol hyd yn oed yn waeth.

Ond be os ydi'r esgid ar y droed arall, a nhw sy'n gorffen efo chi? Be bynnag wnewch chi, peidiwch â rhedeg ar eu holau er mwyn eu waldio'n ddu-las, er eich bod chi bron â marw eisiau gwneud hynny. Fyddai hynny ddim yn syniad da. Peidiwch chwaith â beichio crio yn y fan a'r lle nes bod rhywun yn galw athro draw a chreu'r ffŷs ryfedda. Na, y peth gorau i'w wneud yw derbyn yn raslon gan gadw eich pen yn uchel, wedyn

mynd adre a chrio bwcedi a rhoi stîd i'ch brawd bach.
Neu brynu dartbord.

Gwefusau

Rhan arall o'r corff sy'n gallu denu. Ac oherwydd
hynny, rydan ni'n tueddu i boeni amdanyn nhw. Ydyn
nhw'n rhy fawr? Rhy fach? Wnaiff y briw annwyd sydd
arnyn nhw ddiflannu rhywbryd *plîs*? Wel, y gwir amdani
ydi eu bod nhw'n berffaith ar gyfer rhywun. Ac mae hyn
yn wir am y darnau eraill ohonoch chi hefyd. Ond mater
arall ydi a ydyn nhw'n berffaith ar gyfer y person rydach
chi *am* iddyn nhw fod yn berffaith ar eu cyfer!

Gwersi Hunanamddiffyn

Defnyddiol dros ben os na fydd 'na, dim diolch' na 'cer
i grafu' yn gweithio.

Gweld Rhywun Arall ar y Slei
(Gweler 'ffydd' uchod.)

Tw-teimio, mewn geiriau eraill. Ac mae'n siŵr eich bod
chi i gyd yn deall ystyr hynny, sef gweld dau berson ar
yr un pryd.Wel, nid yn llythrennol ar yr un pryd, gan y
byddai hynny'n golygu mynd â nhw i'r un lle. Neu ddau
le drws nesa i'w gilydd. Ond yna mi fyddai'n rhaid i chi
gogio mynd i'r tŷ bach bob munud, a phicio drws nesa.
Allech chi ddelio gyda hynna? Na finna. Ond mae
ambell un yn gallu ei wneud o. Mae'n debyg fod gan
forwyr 'ferch ym mhob porthladd'. Dwi'n cymryd mai
rhyw ddwsin o ferched gwahanol ydi'r rhain, ond o
bosib mai un ferch efo tocyn trên rhyngwladol ydi hi.

Beth bynnag, bod yn anffyddlon ydi hyn yn y bôn.
Ond dim ots beth rydach chi'n ei alw o, tydi o ddim yn

beth neis iawn i'r person arall. Gan amlaf, yr hyn sy'n digwydd ydi bod ganddoch chi gariad annwyl iawn, wedyn mae 'na un arall yn dod rownd y gornel. Allwch chi ddim penderfynu'n syth bìn a ddylech chi ffeirio'r hen un am un newydd, felly rydach chi'n meddwl: 'Wel, mi ro i gynnig ar yr un newydd 'ma, ac os ydi o/hi yn dda i ddim, mi sticia i efo'r hen un.' Yn waeth na hynny, efallai eich bod chi'n dechrau cael llond bol o'r hen un, ond ddim yn hapus efo'r syniad o fod heb neb, felly rydach chi'n gweld yr un newydd ar y slei nes i chi weithio allan sut i gael gwared â'r hen un. Rŵan ta, os ydan ni'n derbyn fod Cariad yn dibynnu ar bethau fel gonestrwydd a ffydd ac ati, mae triciau fel hyn yn bethau dan-din iawn. Ond rydan ni i gyd yn gwybod hynny, tydan? Ond dydi o ddim yn ein rhwystro rhag gwneud y pethau 'ma. Dydi o chwaith ddim yn ein rhwystro rhag cael ein dal! A dydi hynny ddim yn beth neis iawn chwaith.

'Gwneud o'

Un arall o'r termau bach 'na sy'n ein galluogi i osgoi dweud y gair 'rhyw' (yn yr ystyr rywiol, fel petai). Ond

91

mae 'na ffordd arbennig o'i ddweud o, wrth gwrs. Mae'n rhaid pwysleisio'r darn 'gwneud', a hynny gydag ambell winc a phenelin yn yr asennau. Mae hyn yn osgoi dryswch. Er enghraifft, ystyriwch y ddau osodiad canlynol:

1 'Mae Tomos Morgan yn deud ei fod o a Wendy Jones wedi'i neud o neithiwr.' (Sydd ddim yn wir, fel mae'n digwydd.)

2 'Mae yoga yn boblogaidd iawn y dyddiau hyn, ac mi welais i'r gweinidog yn ei wneud o yn yr ardd bore 'ma.' Pwy sydd i ddweud nad sôn am yoga roedden ni yn y frawddeg gynta? Heb y wincio a'r penelinio, fyddech chi ddim callach, na fyddech?

(Cael eich) Gwrthod

Mi ddigwyddodd i'r eneth druan 'na erstalwm, a dach chi'n gwybod ei hanes hi. Ydi, mae o'n brifo. Mae'n bosib eich bod chi'n cofio sut roeddech chi'n teimlo pan gawsoch eich brathu gan eich cwningen, a'r cwbl roeddech chi'n ceisio'i wneud oedd dangos iddi gymaint roeddech chi'n ei charu. (Oedd, roedd o flynyddoedd yn ôl, ond mae'r creithiau yno o hyd, yn feddyliol a chorfforol.) Wel, lluoswch y teimlad yna gyda'r rhif mwya allwch chi feddwl amdano, gan ychwanegu ryw hanner dwsin o nôts ar y diwedd, ac mi rydach chi'n dod yn weddol agos at wybod sut deimlad ydi cael eich gwrthod. Mae hyn yn werth ei gofio os mai chi yw'r un sy'n gwneud y gwrthod. Iawn, does ganddoch chi mo'r help bod rhywun yn eich ffansïo chi, ond does ganddon nhw mo'r help eu bod nhw'n eich ffansïo chi chwaith. Felly torrwch y newyddion drwg yn dyner a gofalus iawn, iawn. Oni bai eich bod chi'n cael gwybod mai ei wneud o oherwydd bet roedden nhw! (Bet fel 'bet' ceffylau, nid Bet drws nesa, y twmffat.)

Gwyryfdod

Mae'n werth dal yn sownd yn hwn, gan mai dim ond un
sydd ganddoch chi, ac mae'n amhosib cael un arall i
gymryd ei le os byddwch chi'n anghofio lle roeddech chi
wedi'i adael o, neu'n ei roi i ffwrdd ar ddamwain.

Hapusrwydd

'... a bu'r ddau yn hapus byth wedyn.'
Nid oes oedd a wnelo hyn â Chariad, gyfaill. Er nad
yw'n amhosib bod mewn Cariad ac yn hapus ar yr un
pryd, mae'n waith anodd cynnal y ddau. Mae bod mewn
Cariad yn gyflwr gwallgo bost o hapus, unwaith rydach
chi wedi arfer gyda'r stumog yn troi, y galon yn curo, y
penliniau pwdin, y brecwast yn atgyfodi ayyb ... ond
mae'r pethau sy'n bygwth Cariad (cenfigen, euogrwydd
ayyb) yn cael effaith ofnadwy arnoch chi. Ffin denau
iawn sydd rhwng caru a chasáu ac, yn yr un modd, mae
hapusrwydd yn gwegian ar ymyl y dibyn uwchben
pydew dwfn torcalon, yn disgwyl i Gariad roi un
gwthiad bach iddo. Gor-ddramatig? O bosib, ond mae'n
wir.

Harddwch

Mae llawer o bobl yn credu fod hyn yn bwysig wrth
ystyried pwy i fynd gyda nhw. Mae'n debyg mai'r
rheswm am hyn yw: 'Dwi ddim am gael fy ngweld yn
cerdded law yn llaw efo rhywun sy'n edrych fel
rhywbeth sydd newydd gyrraedd o blaned Zog.' Pam
ddim? Ar gyfer pwy yn union rydach chi'n mynd efo'r
person yma? Chi eich hun, neu eich ffrindiau? Yr hyn
sy'n rhaid i chi ei ofyn i chi eich hunan yw: 'Pam ydw i
isio mynd efo'r person yma?' Os mai'r ateb yw:

'oherwydd mod i wir yn ei hoffi,' wel ewch amdani (neu amdano) ar bob cyfri, dim ots beth mae pawb arall yn ei feddwl. Os mai'r ateb yw: 'Oherwydd mod i'n teimlo trueni/fod gen i biti drosto fo/drosti hi,' wel rhowch y gorau iddi rŵan; fydden nhw ddim yn diolch i chi am hynna.

Hiraeth

Dyma be mae cariadon yn ei deimlo pan maen nhw ar wahân. Mae'n boenus tu hwnt i bawb arall hefyd, gan y byddwch chi'n gyrru pawb o'ch cwmpas *i fyny'r wal*.

Hud

Cynhwysyn hynod bwysig ar gyfer unrhyw sefyllfa garwriaethol, mae'n debyg; felly, os bydd eich cariad yn dweud: 'Dwi'n meddwl bod yr hud wedi mynd allan o'n perthynas ni,' dyw pethau ddim yn edrych yn rhy dda. Yn bersonol, mi fyddai hynny'n rhyddhad mawr i mi. Ond dyna fo, alla i ddim diodde Paul Daniels.

Hufen Iâ

Pan fydd pethau'n ddrwg, mae hwn yn llenwi'r gwagle'n hyfryd. Mae 'na sawl math, llawer mwy o ddewis nag sydd 'na o wahanol fathau o bobl, ac mae'n gwneud popeth o fewn ei allu i'ch plesio. Yn anffodus i ferched, mae'n gallu bod yn annifyr a mynd i lawr eich blows. Ond wedi dweud hynny, mae bechgyn yn gwneud hynny hefyd.

Lapswchan

Gair o'r de-ddwyrain glywais i am y tro cynta pan ro'n i tua 25 oed. Mae'n golygu swsian a chusanu a snogio a brathu clustiau'ch gilydd a rhyw bethau felly. Dwi jest yn hoffi'r gair. Ond mae'n ddefnyddiol hefyd. Dywedwch bod eich rhieni yn eich holi chi be fuoch chi'n wneud efo'ch cariad mor hir: 'Lapswchan,' meddech chi. Os yw eich rhieni'n Gogs sydd erioed wedi clywed y gair, mi fyddan nhw'n rhy embarasd i ddangos eu hanwybodaeth i holi mwy. Os yw eich rhieni'n Hwntws, mi wnân nhw gofio pryd fuon nhw'n lapswchan ddwytha ac mi fyddan nhw'n rhy embarasd i holi mwy. Efallai.

Llencyndod

Does 'na ddim adeg gwell (na mwy dryslyd) yn eich oes, na llencyndod. Dyma'r stesion hanner ffordd ar y llinell drên rhwng plentyndod a bod yn oedolyn, pan rydach chi'n profi pethau newydd, yn teimlo emosiynau cwbl ddiarth. Does 'na ddim angen i mi ddweud hyn wrthych chi, nagoes? Mae'n debyg eich bod chi'n mynd drwy'r holl beth fel rydan ni'n siarad (wel, tra dach chi'n darllen, ta). Mae pawb yn mynd drwy'r cyfnod yma rhyw ben – a do, mi ddigwyddodd i'ch rhieni ryw dro hefyd! Ie, dwi'n gwybod, mae'n anodd credu hynny rŵan, ond mi fuon nhw fel chi unwaith (ond nid cweit mor olygus). Yn anffodus, un o reolau'r cyfnod yma yw fod Cariad yn ymuno yn y ciw o bobl/pethau sy'n pigo arnoch chi. Rydach chi'n fregus a hawdd eich brifo ac mae Cariad yn cael modd i fyw. Rydach chi wedi cael eich rhybuddio …

Lleuad/Lloer

Mae'r lleuad wastad wedi bod yn symbol o gariad. Dwi ddim yn siŵr iawn pam. Oherwydd bod rhywbeth rhamantus mewn lleuad lawn, am wn i. Mae'r hen glasuron wastad yn llawn o gariadon yn cyfarfod yng ngolau'r lloer, beth bynnag. A deud y gwir, mae 'na gymaint ohonyn nhw, dwi'n synnu nad ydyn nhw'n taro i mewn i'w gilydd bob munud. Ond un o'r rhesymau dros boblogrwydd y lleuad gyda chariadon ydi ei fod o'n dod allan pan mae hi'n dywyll. Ac fel rydach chi'n gwybod, mae tywyllwch yn gallu bod yn hynod ddefnyddiol. Ym … arhoswch chi funud rŵan – nid dyna be ro'n i'n feddwl! Be ro'n i'n ceisio'i ddweud oedd bod golau'r lleuad yn gallu gwneud i bopeth edrych yn llawer gwell nag y mae o mewn gwirionedd. Mi allech chi wisgo trowsus crimplîn pinc, a fyddai neb ddim callach! Wel … efallai ddim. Ond mi allech chi wisgo pethau digon od. Mi allech chi drio gwisgo'r un pethau bob tro. Neu efallai'r un pethau tu chwith allan. Felly y tric ydi i gyfarfod yn y tywyllwch bob amser. Fel yna, mi allwch chi wastad wneud argraff efo'r ffordd rydach chi'n edrych, gan na fedran nhw gasáu'r hyn na fedran nhw ei weld. Hefyd, os ydach chi'n penderfynu nad ydach chi'n eu hoffi nhw wedi'r cwbl, allwch chi wastad yrru rhywun arall yn eich lle. (Gweler **Nos** hefyd.)

Lluniau

Un o'r dulliau cyfrwys mae rhieni yn eu defnyddio i roi'r caibosh ar eich perthynas. Mae'n debyg fod ganddyn nhw nifer o resymau dros geisio gwneud hyn.

Yr un mwya tebygol ydi: 'Dydi hwn-a-hwn/hon-a-hon ddim yn ddigon da i chdi.' Be mae hynna i fod i feddwl? Ond fe erys y ffaith: mi fuon nhw ill dau efo'i gilydd, a does 'na 'run ohonyn nhw yn dda i ddim. A dyma'r ffordd mae'r twyll lluniau'n gweithio: maen nhw'n gwahodd eich Anwylyd i'r tŷ, yna'n tywallt dwsinau o gwpaneidiau o de i lawr eich corn gwddw, nes eich bod chi bron â byrstio eisiau mynd i'r tŷ bach. Wedyn, tra dach chi allan o'r stafell, maen nhw'n nôl y lluniau a'u dangos i'r cariad. Y pwynt ydi, mae'n debyg nad lluniau ohonoch chi ydyn nhw, er gwaetha honiadau eich

BRYSIA! DOS I NÔL YR ALBWM LLUNIAU!

rhieni. Mae'n bosib mai lluniau o'r ci yn cael llawdriniaeth ydyn nhw, ac os ydach chi'n dod i mewn i'r stafell yn mynnu eu gweld, mi fydd eich rhieni'n dweud: 'O, ti'm isio gweld yr hen betha yna!' gan ddeud na fedrwch chi ddioddef gweld eich hunan mewn lluniau. A dyna'r drwg wedi'i wneud. Mi fydd y berthynas yn oeri, oherwydd bod eich (cyn-) gariad yn gwybod (neu'n meddwl eu bod nhw'n gwybod) eich Cyfrinach Erchyll: er gwaetha'r ffaith fod ganddoch chi wyneb fel angel, mae ganddoch chi gorff ci defaid.

Llwyau Caru

Dyma be fyddai ein cyn-deidiau'n eu rhoi i'w cariadon fel arwydd o'u serch, sef llwy wedi ei cherfio allan o bren. Mae 'na rai efo peli bychain ynddyn nhw, i ddynodi faint o blant mae'r dyn am eu cael. Ond mae gofyn i'r boi fod yn reit sensitif. Efallai ei fod o wedi

MODRWY GARU

LLWY GARU

BRATHIAD CARU

MMM! HYFRYD!

rhoi misoedd o waith i mewn i gerfio 12 o beli bach perffaith, ond beryg y byddai'r ferch yn amau ei fod yn ei gweld hi fel dim mwy na hwch fagu. Mae symbol o oriad/allwedd a chlo yn gallu edrych yn reit frawychus, ond yr hyn mae'n ei olygu ydi fod y boi am rannu ei dŷ efo'r ferch sy'n cael y llwy. Medden nhw ...

O ia, pwynt bach difyr ydi ei bod hi'n bosib mai o'r arferiad o roi llwyau caru y daeth y gair 'sboner' (o'r Saesneg *spooner*), sy'n golygu 'cariad' mewn rhai ardaloedd yn y de.

Llygaid

Mae llygaid yn gallu bod yn bethau rhywiol iawn, iawn. Oni bai fod ganddoch chi lyfrithen, wrth gwrs. Ond mi glywch chi sawl un yn dweud eu bod nhw wedi syrthio

99

mewn Cariad gyda rhywun oherwydd eu llygaid. Y broblem gyda llygaid yw eu bod nhw'n hawdd iawn eu darllen os ydach chi'n dweud celwydd, yn enwedig os ydan ni'n sôn am Gariad. Mi allwch chi fod yn datgan 'Dwi'n dy garu di' fel tasech chi mewn ffilm Hollywood, ond os nad ydach chi'n ei feddwl o, mi fydd eich llygaid yn eich bradychu. Felly be fedrwch chi ei wneud am y peth? Gwisgo sbectol dywyll. Neu fag papur dros eich pen. Neu jest dweud y gwir.

Llythyrau Caru

Ffordd dda o adael i'r person rydach chi'n ei garu gael gwybod hynny. Yn aml iawn, dyma'r unig ffordd y bydd

gan rai pobl o gyfleu eu teimladau, oherwydd bod y problemau corfforol 'na y soniais i amdanyn nhw eisoes yn dechrau arni y munud maen nhw o fewn tafliad carreg i'w Hanwylyd. Y peth i'w gofio am lythyrau caru yw y gallwch chi wastad ofyn i rywun arall eu sgwennu ar eich rhan. Ond byddwch yn ofalus: fe allai eich Anwylyd syrthio mewn Cariad gyda'r person sy'n sgwennu'r llythyron a dechrau sylweddoli nad y chi sydd wrthi. (Cofiwch am Cyrano de Bergerac. Pwy?! Holwch eich athro Ffrangeg – ond, yn y bôn, mi ddigwyddodd iddo fo. Wel – ddim y fo, fo oedd yn sgwennu'r llythyrau, ond dach chi'n gweld fy mhwynt i.) Felly be allwch chi ei wneud? Eich gorau. Os ydach chi am sgwennu atyn nhw, ewch amdani ar bob cyfri. Mae cael llythyr caru yn grêt, does 'na'm digon ohonyn nhw i'w cael. Ond cofiwch fod yn chi eich hun, peidiwch â cheisio bod yn rhywun gwahanol. Os ydach chi'n teimlo eich bod chi'n anobeithiol am sgwennu llythyrau, meddyliwch am ffordd arall o gyfleu eich teimladau. Cofiwch, os ydi eich cariad yn eich caru go iawn, wnaiff smonach o lythyr caru ddim gwahaniaeth. Ar y llaw arall, os nad ydyn nhw'n eich caru, fe allai hyn fod yn embaras ANFERTHOL! Felly byddwch yn ofalus.

Modrwy

Mae modrwyau a mwclis o bob math yn boblogaidd drwy'r byd i gyd fel arwyddion serch, ers Oes y Cerrig hyd yn oed, ond fechgyn – darllenwch yn ofalus – mae clustdlysau/modrwyau siâp calon yn gallu bod yn bethau nàff tu hwnt. Yn enwedig os mai disgyn allan o gracyr wnaethon nhw. Mae'n hawdd pechu.

Ond pam modrwy? Efallai oherwydd eu bod nhw'n symbol o dragwyddoldeb – y llinell ddiderfyn heb ddechrau na diwedd sy'n parhau am byth. A dyna pam maen nhw'n cael eu defnyddio mewn priodasau. Ers talwm, dim ond y briodferch oedd yn gwisgo modrwy, ond mae 'na fwy a mwy o wŷr priod yn eu gwisgo bellach. Ai am fod y bechgyn yn ei weld yn beth rhesymol i'w wneud, neu ai am fod y merched yn mynnu, dwi ddim yn siŵr.

Nos

Yn draddodiadol, dyma gyfnod y cariadon. Sydd braidd yn wirion, oherwydd os ydach chi'n caru rhywun, rydach chi'n eu caru nhw bob eiliad o bob munud o bob awr o bob dydd o bob wythnos o bob mis o bob blwyddyn o bob degawd o bob oes am byth bythoedd Amen. Ac ar adegau eraill hefyd. Ond, chwarae teg, rydach chi'n gorfod slogio yn yr ysgol yn ystod y dydd.

Nwyd

Yn aml yn cael ei gamgymryd am Gariad. Mae'r ddau yn rhannu symptomau digon tebyg, ond y gwahaniaeth mawr yw mai anaml y cewch chi Gariad heb rywfaint o nwyd, ond gall nwyd fodoli heb owns o Gariad. Y tric ydi gallu dweud y gwahaniaeth. A'r un mor bwysig –

gofalwch bod y person arall yn gwybod p'run ydi o cyn i
bethau fynd yn gymhleth!

Orji

Poblogaidd iawn gyda'r Rhufeiniaid pan nad oedden
nhw'n bwydo llewod, dyma barti braidd yn wahanol.
Mae'n golygu cael pawb yn noethlymun gorn ac yn
'gwneud pethau' mewn un pentwr mawr dryslyd. Fe all
hefyd gynnwys iogwrt. Ac yn ddieithriad, mae'n
rhywbeth y bydd o leia tri chwarter y bobl oedd yno yn
ei ddifaru am byth wedyn. (Os lwyddon nhw i ddod
allan ohoni'n fyw ar ôl yr holl gynnwrf yn y lle cynta.)
Ac roedd o wastad yn syniad rhywun arall. Y peth calla
i'w wneud yw dal ati i ddawnsio – os oes 'na ddigon o le
i chi symud.

Parch

Cwbl hanfodol. Heb barch, dyw Cariad ddim yn bod. Felly, os ydach chi'n amau eich bod chi mewn Cariad, gofynnwch i chi eich hun: 'Ydw i'n parchu'r person yma?'

Partis

Yn aml iawn, y bore wedi'r parti, mi fyddwch chi'n dweud wrth y nenfwd/y tedi bêr: 'Dwi mewn Cariad!' Weithiau, mi fyddwch chi'n dweud: 'Byth, byth eto!' Ond, gan amla, mae hynny oherwydd fod rhywun wedi dweud: 'Tria'r pynsh ffrwythau.'

'Be sy ynddo fo?' ofynnoch chi.

'Ffrwythau, siŵr iawn!'

'A?'

'Stwff.'

Byddwch yn ofalus o 'stwff.' Beth bynnag, dyma chi fore trannoeth, yn nyrsio nid cur pen maint Stadiwm y Mileniwm, ond dôs anferthol o Gariad pur. Roedd 'na'r rhywun 'ma … mi fuoch chi'n dawnsio, a siarad. Am oes. Mi fuoch chi'n cusanu. 'Chydig bach. Mi fuoch chi'n cwtsho hefyd, a lapswchan 'chydig, ond dim byd rhy ddifrifol (o bosib!). A rŵan rydach chi yn eich seithfed nef, ble bynnag mae hwnnw. Mae'n rhaid i chi eu gweld eto. Mae'n rhaid i chi! Neu fyrstio! A dyna'n union be ddylech chi ei wneud. Eu gweld nhw eto dwi'n feddwl, nid byrstio. Ond croeswch bob dim, gan ei bod hi'n eitha posib y gallai'r person 'ma welsoch chi o ben draw y llawr dawnsio (lolfa Brenda Lloyd) tra oedd pawb arall (Jo bach a'i ddwy gyfnither) (roedd pawb arall yn chwydu dros y rhododendrons yn yr ardd – roedden nhw hefyd wedi rhoi cynnig ar y pynsh) yn dawnsio (symud o un droed i'r llall) i gerddoriaeth ramantus (Goreuon Sain 1973) – y person 'ma oedd yn gyfrifol am wneud i'ch calon lamu allan o'ch brest a chnocio Jo bach yn ei glust, mi allai, yng ngolau dydd, wneud i chi rewi a dweud: 'Be?! O na!' A dyna pam fod rhamant wastad yn blodeuo'n well liw nos.

Plorod

'A duw a greodd ddyn a dynes ... ac yna creodd blorod/sbotiau er mwyn eu cadw ar wahân.'

Wel, wnewch chi ddim dod o hyd i'r union eiriau yna mewn unrhyw lyfr crefyddol, ond mae'n bosib credu fod plorod/sbotiau wedi cael eu dyfeisio gan natur fel math o gawod oer. Sawl gwaith ydych chi wedi deud wrthych chi eich hunain: 'O na! Ploryn! Fydd neb yn fy ffansïo i rŵan!' Ac oes, wrth gwrs, mae 'na rai pobl sy'n methu wynebu llond wyneb o blorod, ond mae 'na rai sy'n methu wynebu bara brith chwaith. Ond y peth rhyfedd ynglŷn â bywyd yw mai arwydd o dyfu i fyny yw plorod. Mae 'na arwyddion eraill, wrth gwrs: lleisiau bechgyn yn soprano, bas a ffalseto yn yr un frawddeg; merched yn prynu crysau mwy (neu beidio) neu'n sylwi fod 'na bedwar lwmp yn lle dau dan y crys; Dad yn cwyno'n sydyn fod dim min ar ei rasal, ac yn y blaen. Mae'r rhain i gyd yn arwyddion o aeddfedrwydd. Ac mewn materion yn ymwneud â Chariad, bydd arnoch angen pob defnyn o aeddfedrwydd. Felly peidiwch â chnocio'ch plorod (oni bai eich bod chi am wneud iddyn nhw waedu).

Priodasau

Diwedd y gân (a'r geiniog yn aml). Dyma uchafbwynt pob perthynas (i fod). Dyma'r pwynt pan fydd dau berson yn dangos i'r byd eu bod nhw wirioneddol mewn Cariad. A hynny pan fydd un o'r morynion 4 oed yn tynnu ffrog y briodferch dros ei phen o flaen pawb, a brawd y briodferch yn rhoi stîd i'r gwas. Dim rhyfedd eu bod nhw'n sôn am 'blushing brides ...'! Wrth gwrs, dyw pawb ddim yn teimlo bod yn rhaid priodi y dyddiau yma. Dyw pawb ddim yn cyfarfod rhywun sy'n fodlon eu cymryd nhw, yn un peth. Ond yn aml, mae

priodasau ar gyfer pobl eraill. Mae 'na bwynt yn dod pan rydach chi'n gwybod eich bod chi'n caru rhywun go iawn ac eisiau bod gyda nhw am byth, a dyw peidio priodi ddim o anghenraid yn lleihau'r Cariad hwnnw. Mae'n bosib ei fod yn ei wneud yn fwy parhaol a swyddogol. Ac yn plesio rhieni. Ond mae'n rhaid meddwl yn galed iawn cyn priodi neb. Ddylech chi ddim mentro jest oherwydd eich bod chi'n hoffi gwisgo dillad crand ac yfed siampên, a chael anrhegion. Yn anffodus, mae straeon tylwyth teg a ffilmiau Hollywood yn gwneud môr a mynydd o'r briodferch hardd, y wisg fendigedig, y sêr a'r hud a 'diwrnod gorau fy mywyd' a'r fam yn wylo dagrau o hapusrwydd a'r llun yn y papur ayyb, felly mae merched bach yn cael eu magu i gredu mai eu diwrnod priodas yw'r greal aur. Cofiwch bod llawer mwy i briodi na'r diwrnod ei hun.

Priodi

Gweler *'Priodasau'*. Neu ewch i weld therapydd. Dach chi'n rhy ifanc i feddwl am briodi yn eich oed chi! Dwi ddim – ac mi rydw i! Er, mae'n rhaid i mi gyfadde bod fy nai (sy'n bump oed) wedi dweud wrtha i: 'Y broblem fwya sy gen i yn yr ysgol ydi bod gen i bedair cariad, a dwi ddim yn siŵr pa un i'w phriodi.' Ydi hynna'n broblem?

Rhamant

Ydach chi'n cofio fi'n sôn am hyn o'r blaen? Reit dda. Mae hynna'n profi eich bod chi'n canolbwyntio o leia. Ond be'n union ydi rhamant? Wel, yn y bôn, dyma be sy'n gwahanu cariad a nwyd. Dyma'r sylw rydach chi'n ei roi i'ch Anwylyd, y pethau bychain rydach chi'n eu gwneud heb ddisgwyl dim yn ôl, y blodau, y siocledi (yn enwedig y siocledi), y meddwl y tu ôl i beth bynnag rydach chi'n ei wneud/roi i'ch cariad. Efallai na wnaiff o wneud iddyn nhw eich caru'n fwy, ond wnaiff o ddim drwg, yn bendant. Oni bai eich bod chi'n mynd dros ben llestri, wrth gwrs, ac yn gyrru llond lorri o flodau iddi yn ystod gwers ffiseg. Dydi o ddim yn syniad da. Gormod o bwdin (a blodau) … a ballu.

Rhedeg i Ffwrdd i Briodi (Elôpio)

Mae pobol yn gwneud hyn weithiau (mewn ffilmiau, gan amlaf), oherwydd nad yw rhieni, ffrindiau ayyb yn cytuno gyda'ch dewis chi o bartner, neu yn teimlo nad ydach chi'n barod i briodi eto. Ni ddylid gwneud hyn heb ystyried y posibiliadau eraill i gyd yn gyntaf. Ni ddylid chwaith redeg i ffwrdd gyda'ch cariad cynta – yn enwedig os ydach chi'ch dau'n dal yn yr ysgol feithrin.

Rhieni

Pan rydach chi mewn Cariad, neu hyd yn oed os mai dim ond meddwl eich bod chi rydach chi, pwy yw'r unig bobl sydd jest ddim yn deall? (Wel, ar wahân i frodyr, chwiorydd, ffrindiau, athrawon ac y ... pawb ar y blaned, waeth i chi ddeud.) Ond pwy yw'r bobl sy'n deall leia? Ia, dyna chi – rhieni. Does ganddyn nhw ddim syniad, nagoes? Fedran nhw jest ddim amgyffred be dach chi'n mynd drwyddo fo. Ac eto, nhw ydi'r bobl sy'n tynnu hen luniau ohonyn nhw eu hunain allan o ddrôr, lluniau y byddai unrhyw un call wedi eu llosgi ers blynyddoedd, ac yn dweud: 'Roedden ni gymaint mewn cariad yr adeg yna.' A dyna'r darn allweddol: 'yr adeg yna'. Felly nid methu deall maen nhw, ond methu cofio sut deimlad oedd o, ar wahân i gofio ei fod o'n deimlad braf. Felly cenfigen ydi o. Mae o mor syml â hynna.

Rhyw

Gair digon dryslyd ar y gorau. Coblyn o beth ydi gallu drysu rhwng *some* a *sex*. Ond yn ei ffurf mwyaf elfennol, mae'n golygu 'gwryw' neu 'fenyw'. Dwi'n nodi hyn rhag ofn y byddwch chi'n gorfod llenwi ffurflen rhyw (*some*) dro. Weithiau, bydd ffurflen yn gofyn: 'Rhyw?' Ac ar y pwynt yma, mi ddylech chi sgwennu 'gwryw' os ydach chi'n ddyn, a 'menyw' neu 'merch' os ydach chi'n ferch. Ond peidiwch â sgwennu 'Dim diolch'. Na hyd yn oed 'W, ie, plîs!'

Santes Dwynwen

Nawddsantes cariadon Cymru. Tywysoges oedd Dwynwen, ond pan gafodd hi ei siomi mewn cariad, mi dorrodd ei chalon, a symud i fyw i Ynys Llanddwyn ar

Ynys Môn. Mi dreuliodd weddill ei hoes yno, a byddai pobl yn heidio yno i'w gweld hi er mwyn cael cyngor neu gymorth i ddod dros siom, neu iddi fendithio dau gariad. Ac am flynyddoedd wedi iddi farw, byddai pobl yn mynd draw at ffynnon Dwynwen i ofyn am gymorth neu fendith. Fel llawer o bethau tebyg, mi ddaeth hynna i ben yn ystod y Diwygiad, ond mae'n debyg bod pobl leol yn dal i fynd yno ar y slei. Roedd gweddill Cymru wedi anghofio amdani tan ddiwedd y 1960au, pan benderfynodd criw o fyfyrwyr ein hatgoffa, a dechrau ymgyrch gwerthu cardiau Dwynwen ar Ŵyl Santes Dwynwen – Ionawr 25. Mi weithiodd, ac mae cardiau Dwynwen yn gwerthu'n dda y dyddiau yma. Ond ches i 'rioed un … (hint ydi hynna, gyda llaw).

Sant Ffolant

Gŵyl Rufeinig Lupercalia yn wreiddiol, ac mi gafodd ei throi'n ŵyl Gristnogol er cof am y merthyr Sant Valentine (bu farw AD 270). Yn y Canol Oesoedd, mi gafodd Valentine, neu Ffolant, ei gysylltu â chariadon oedd yn dioddef. Heddiw, rydan ni'n dathlu'r ŵyl drwy yrru negeseuon rhamantus neu ddoniol ar Chwefror 14.'

Tydi hynna'n ddifyr? Mae cardiau ac anrhegion Ffolant yn fusnes anferthol erbyn hyn. Mae Sant Ffolant druan wedi cael ei anghofio'n llwyr, wedi ei ddisodli gan lyffant mawr pinc yn dal calon sidan fawr goch. Ond y darn am gariadon yn dioddef sy'n tynnu fy sylw i. Dioddef o beth, yn union? Y Pla? Neu efallai mai bod yn anffyddlon oedden nhw. Sy'n f'atgoffa i i roi gair o gyngor ynglŷn â chardiau Ffolant a Dwynwen: os ydach chi'n canlyn yn selog gydag un person, mae hi'n berffaith amlwg faint o gardiau ddylech chi eu gyrru, sef un. Os byddwch chi'n gyrru cardiau i bobl eraill hefyd, mi fyddwch chi'n gofyn am drwbwl. Ond mi allwch chi hefyd ddisgwyl i'ch Anwylyd dderbyn mwy nag un. Fel'na mae bywyd. Rydach chi wedi cael eich rhybuddio!

Spam

Ym ... wel, cig mewn tun ydi hwn. Dw i ddim yn hollol siŵr beth sydd a wnelo hyn â Chariad. O diar! Newydd sbio dros fy nodiadau eto, ac nid 'spam' ydi o fod, ond 'sperm'. Ond mae'r artist eisoes wedi tynnu llun o dun spam. Ddrwg iawn gen i!

Sidydd (Arwyddion y)

Os ydach chi'n chwilio am berson eich breuddwydion, mae'n bosib y cewch chi eich temtio i chwilio yn y sêr. Neu yng ngholofn Russell Grant (sy'n byw yn Sir Feirionnydd, gyda llaw) (Russell, nid ei golofn). Er enghraifft, mae bron pob llyfr arwyddion y sidydd yn dweud nad ydi Geifr yn dod ymlaen yn rhy dda gyda Hyrddod. Dywedwch rŵan eich bod chi'n Hwrdd, a dach chi'n cyfarfod rhywun rydach chi wironeddol yn eu hoffi, mae'ch penliniau'n troi'n jeli dim ond wrth sbio arnyn nhw, maen nhw'n gwneud i chi chwerthin, maen nhw'n annwyl a chlên ac yn snogio fel ... wel ... rhywbeth sy'n snogio'n dda. Ond maen nhw'n Afr. Be ddylech chi ei wneud? Ufuddhau i'r llyfrau ac osgoi'r Gafr-berson fel y pla? Neu ddilyn eich trwyn a threfnu i gael sesiwn snogio arall efo Gafr? Dwi'n gwybod be fyddai fy newis i!

Ond yn waeth na hyn, mae 'na rai pobl yn darllen eu sêr i weld a ydi'r berthynas yn mynd i weithio! Mae 'na ffasiwn beth â synnwyr cyffredin, cofiwch. Mae darllen eich sêr yn hwyl, ond peidiwch â gadael iddyn nhw reoli eich bywyd chi. Ydach chi wir yn credu, os ydi'r haul yn Sadwrn a'r lleuad ym Mawrth, mai'r crinc blin 'na sydd newydd gerdded i mewn ydi'r Un i chi? Wrth gwrs, mae'n ddigon posib mai nhw ydi'r Un, ond fydd a wnelo hynny ddim â'r sêr. Y broblem ydi, os ydach chi'n ddigon despret i ddod o hyd i Berson eich Breuddwydion, mi gredwch chi unrhyw beth. Wel, peidiwch. Haws dweud na gwneud, meddech chi. Na, mae o reit hawdd i'w wneud hefyd. Rhowch gynnig arni.

Siocled

Un o'r pethau neisiaf mewn bywyd. Gadewch i ni fod yn onest, byddai'n well gan y rhan fwyaf o bobl stwffio eu hunain gyda bar o siocled na chael cariad. Wel, y rhan fwya o blant pump oed, beth bynnag. Ond o leia wnaiff bar o siocled byth eich siomi, oni bai ei fod o wedi pydru. Wnaiff o byth gega arnoch chi chwaith, na chusanu eich ffrind gorau na gorffen efo chi. Na – pan fyddwch chi'n teimlo'n isel ac yn credu'n llwyr fod neb yn eich caru, mi fydd siocled yna i chi, i'ch cysuro, i'ch gwneud chi'n dew a rhoi llond bwced o blorod i chi ac i'ch gwneud yn anodd iawn eich caru. Pwy ddywedodd fod bywyd yn deg?

Snogio (Neu, os ydach chi'n dod o'r de: Snogo)

Fel y soniais i eisoes, mae o'n union yr un fath â chusanu, ond yn swnio'n fwy hurt. Mae hefyd yn derm sy'n gwneud i rywbeth oedd o bosib yn ddigon diniwed, ond pleserus, swnio'n llawer mwy cynhyrfus:
   'Wnest ti snogio efo fo/hi?'
   'Do!'
   'O, waw, do wir?!'
   Sy'n swnio ychydig mwy dramatig na:
   'Wnest ti ei gusanu o/chusanu hi?'
   'Do.'
   'O.'
   Unwaith eto, mae'n un o'r pethau 'na (fel 'Gwneud o') sy'n well gydag ychydig o bwnio a wincio. Ond ym mha ffordd mae'n well, dwi ddim yn siŵr. Gan amla, mae'n difetha'r atgofion o snog oedd yn un werth ei chofio.

Talu'r Pwyth

Teimlad braf, meddai'r Sais: 'revenge is sweet'. Gwir bob gair. Ond mae'n fyrhoedlog hefyd. Iawn, felly maen nhw wedi gorffen gyda chi a'ch tw-teimio a phob dim.

Ond byddwch yn onest â chi eich hun: ydi o wir yn mynd i wneud i chi deimlo'n well os ydach chi'n rhoi desg y crinc hyll, salw, drewllyd, annifyr ar dân? Iawn – amdani ta!

Te a Brechdanau

Dyma un o'r ffyrdd y bydd eich rhieni yn gofalu nad yw eich perthynas yn datblygu'n rhy sydyn neu'n mynd yn rhy bell neu, yn y bôn, i unrhyw le. Maen nhw'n gwneud hyn yn y gred hurt eu bod yn eich amddiffyn. Dychmygwch eich bod chi a'r Anwylyd yn eich tŷ chi, yn helpu eich gilydd gyda'ch gwaith cartref. Yn naturiol, fydd eich rhieni ddim yn credu gair o hyn. Ac mi fyddan nhw'n siŵr o 'bygio'r' stafell mewn rhyw ffordd – dyna faint o ffydd sydd ganddyn nhw ynddoch chi. Y broblem ynglŷn â hyn yw nad ydi cusanu'n weithred sy'n gwneud llawer o sŵn, fwy nag mae gwneud eich gwaith cartref. Felly, weithiau, mi fyddan

nhw'n talu eich brawd/chwaer fach i guddio yn y cwpwrdd i sbeio arnoch chi. (Mae'n debyg mai dyma'r unig reswm pam y cawson nhw blentyn arall.) Ond dyw hynny'n dda i ddim oni bai fod gan eich brawd/chwaer fach radio dwy-ffordd a chamera fideo ar gyfer profi unrhyw beth. Felly be mae'r rhieni hynod glyfar 'ma'n ei wneud yw hwylio i mewn i'r stafell (heb hyd yn oed roi cnoc ar y drws) gyda llond hambwrdd o baneidiau a brechdanau. Maen nhw'n tybio na chewch chi amser i gau botymau ac ati, fel hyn, ac y gwnân nhw eich dal chi 'wrthi'. Mae'r ffaith eich bod chi'n gwbl ddiniwed ac mai'r unig beth rydach chi 'wrthi'n' ei wneud yw eich gwaith cartref, yn eu cythruddo. Tasen nhw ddim ond wedi dod mewn bum munud ynghynt ... mi allen nhw fod wedi rhoi 'chydig o help i chi gyda'r hafaliaid cydamserol 'na. (Gyda llaw, bron yn ddi-ffael, spam fydd yn y brechdanau. Mae'n siŵr mai dyna pam y soniais i amdano gynnau.)

Teulu (h.y: Brodyr a Chwiorydd)

Peidiwch â phoeni, dwi ddim yn mynd i awgrymu am funud y dylech chi garu eich brodyr a'ch chwiorydd. Mae 'na rai pethau sy'n gwbl amhosib. Na, dwi'n cynnwys brodyr a chwiorydd oherwydd eu bod nhw'n gwbl ddall a dwl a bali niwsans ynglŷn â'ch teimladau tuag at eich Anwylyd.

'Pam ti'n mynd efo Idwal Lloyd/Samantha Ponsonby-Smythe?!' gofynnant yn wawdlyd.

'Oherwydd mod i'n ei garu o/charu hi,' meddech chi, yn ceisio peidio gwylltio, rhag i bethau fynd yn waedlyd.

'Hy! Fedri di ddim bod mewn cariad efo fo/hi!'

Be maen nhw'n fwydro? Be maen nhw'n wybod am Gariad? Wedi'r cwbl, maen nhw'n mynd efo Nobi Roberts/Alwen Gwenhwyfar! Be maen nhw'n geisio'i ddweud ydi nad ydach chi'n ddigon hen/aeddfed i wybod am Gariad. Anghywir! Does gan Ciwpid, yn ogystal â 'run obadeia am anelu, ddim clem ynglŷn ag oedran pobl chwaith. A dyna pam fod pobl o bob oed yn teimlo Cariad o ryw fath neu'i gilydd. Wedi'r cwbl, pan oeddech chi'n bedair, roeddech chi mewn cariad gyda'ch jerbil, doeddech? Iawn, doedd o ddim yn Gariad-rhes-gefn-pictiwrs math o Gariad (dim ond oherwydd nad oedd ganddoch chi na'r jerbil ddigon o bres) ond roedd o'n sicr yn Gariad. Y broblem gyda phobl fel hyn yn ymosod arnoch chi fel'na ydi eich bod chi'n dechrau gwadu eich teimladau:

'Ti'm yn ei garu o/charu hi, nagwyt?'

'Nac'dw! Paid â bod yn wirion!'

Peidiwch â chael eich bwlio i wneud hyn. Wedi'r cwbl, os ydach chi'n caru rhywun, mae'n rhaid eu bod nhw'n berson eitha arbennig, hyd yn oed os ydi pawb arall yn meddwl eu bod nhw'n frechdan wlyb.

Ysgol

Er ei bod hi'n anodd credu hyn ar yr olwg gynta, gall ysgolion fod yn fôr, yn gefnfor hyd yn oed, o gariad a nwyd. Ydi, dwi'n gwybod ei bod hi'n anodd dychmygu peth felly, a'i bod hi'n llawer mwy tebygol y byddai'r muriau mwsoglyd hyn yn cynhyrchu'r Pla Du, ond ymbalfalwch yn ofalus ar hyd y cynteddau academaidd, tywyll, ac mi ddowch ar draws mwy o nwyd nag y gallech chi chwifio condom ato, ond efallai y byddai'n syniad i beidio gwneud hynny.

Ond pam fod cymaint o nwyd mewn ysgolion? Wel, mae'n rhywbeth i'w wneud gyda datblygu a dysgu. A chwaraeon. A ieuenctid. Ac athrawon.

'Athrawon?!' fe'ch clywaf yn gwichian.

'Ie, athrawon.'

118

Gall athrawon (er nad ydi o'n rhan o'r cytundeb) fod yn fodau hynod nwydus. Credwch chi fi, dwi'n gwybod. Mi fues i'n un unwaith. Rhywbeth i'w wneud gyda peidio byth gadael ysgol, ar wahân i fynd gartref, ydi o.

Ond pam fod ysgolion yn gallu creu cymaint o emosiynau rhemp? Wel, mae 'na gryn dipyn o drafod yn digwydd mewn ysgolion. Llawer iawn o siarad – a gwrando. A thrwy siarad a gwrando rydan ni'n dysgu pethau am bobl. Dod i'w nabod nhw. Dod i'w hoffi nhw. Dod i'w caru nhw. Meddyliwch am y peth: pwy yn eich dosbarth chi sydd wedi cael y mwyaf o gariadon (ar wahân i'r athro)? Y person sy'n cymryd rhan mewn trafodaethau yn y dosbarth, ynteu'r person sy'n cuddio yn y gornel, yn gobeithio na wnaiff neb sylwi arnyn nhw? Ie! Yn hollol! Y person yn y cefn sy'n sgwennu llythyrau caru, yn eu troi'n awyrennau ac yn eu taflu at bobl. Wedyn, pan fydd y gloch wedi canu, bydd yr athro'n casglu'r awyrennau ac yn mynd â nhw i'r stafell athrawon – a chau'r drws ... ddeudis i'n do?

'Yr Holl Ffordd'

Un o'r termau amwys 'na sy'n cyfeirio at RYW. Dyna ni! Dwi wedi'i ddeud o! Wnes i ddeud y byddwn i, yndo? Ond mae'n derm y dylid ei ddefnyddio gyda'r gofal mwyaf. Er enghraifft, os ydach chi'n prynu tocyn bws i rywle a ddim yn siŵr faint i'w dalu, a'r gyrrwr bws yn gofyn os ydach chi eisiau 'mynd yr holl ffordd', peidiwch â rhoi slap iddo a galw'r heddlu. Mae'n hawdd gwneud camgymeriadau.

Ble mae cariad?

Wedi darllen y cynghorion o'r darn diwethaf yna, hwyliodd fy nhîm allan i'r byd mawr i ddarganfod lle'n union y mae dod o hyd i serch. A bod yn onest, tydi o ddim yn trigo'n unlle penodol, ond roedd eu cwmni nhw (a B.O. Nyrs Nits) wedi dechrau deud arna i, a dyna'r unig ffordd y gallwn i eu cael nhw allan o'r tŷ. Y gwir amdani ydi fod Cariad yn symud o gwmpas cryn dipyn, felly mi fyddai'n rhaid iddyn nhw fod yn wyliadwrus dros ben. Felly allan â nhw i chwilio mewn mannau fel:

Y Tu Ôl i'r Sièd Feics

Ar un adeg, dim ond ysmygwyr fyddai'n mynd i fan'no. Felly mi gyrhaeddodd Doctor Doctor yno mewn dillad dyn tân. Ond yn hytrach na gorfod ymbalfalu mewn

niwl tew o fwg baco, mi faglodd dros gwpwl oedd ar ganol lapswchiad go harti. Oherwydd – ydi, mae'n wir – mae Cariad yn cuddio y tu ôl i'r sièd feics. Pam? Wel, yn un peth, mae'n un o'r llefydd prin mewn ysgol lle na chewch chi eich styrbio gan athrawon. Mae athrawon wedi laru cymaint ar gwmni disgyblion, mae pob eiliad o heddwch yn hynod werthfawr iddyn nhw, felly mi arhosan nhw yn y stafell athrawon yn gwneud croeseiriau nes i'r prifathro/athrawes eu hel allan. Hefyd, mae'r rhan fwyaf o athrawon yn credu mai cael mwgyn bach slei ydi'r unig beth sy'n digwydd y tu ôl i'r sièd feics, a tydyn nhw ddim eisiau gorfod dioddef effeithiau smocio goddefol. (Swnio'n cinci, tydi? Ond dwi'n meddwl mai dyna be ydi'r term Cymraeg am *passive smoking*. Ylwch, awdures ydw i, nid cyfieithydd, olreit?)

Lle roedden ni? O ia, y tu ôl i'r sièd feics.

Y broblem gyda'r lle hwn ydi y gallai unrhyw un o'ch cyd-ddisgyblion bicio draw a'ch dal chi ar ganol snogsan. Ac mi fyddai hynny gyfystyr â gwisgo arwydd mawr coch gyda 'Dwi'n caru Meirion Morris/Wendy Williams!' a tydach chi ddim isio hynny, nagoes. Yn y bôn, dyw cariad y tu ôl i'r sièd feics yn dda i fawr ddim

heblaw ymarfer eich crefft cusanu. Mi geisiodd Doctor
Doctor wneud arolwg o'r lle, ond dim ond un disgybl
oedd yn fodlon siarad efo fo: Idwal Prys (10B) oedd
hwnnw, ac mi fynnodd o bod 'mynd tu ôl i'r sièd feics
yn wastraff amser llwyr'. Ond dyna fo, doedd o byth yn
gallu perswadio neb i fynd yno efo fo.

Y Meysydd Chwarae

Mae chwaraeon a rhyw wastad wedi bod yn agos iawn.
Mae unrhyw un sydd erioed wedi chwarae *Twister* yn
gwybod hynny. Felly roedd fy nhîm yn llawn cynnwrf
pan redon nhw allan yn eu siorts i archwilio'r caeau, y
coed a'r mannau sy'n rhan arferol o chwaraeon ysgol.
Roedd fy nhîm wedi penderfynu bod Cariad yn llechu
yn yr awyr agored oherwydd mai fan'no mae adar yn
byw, a'r unig gynghanedd ddysgodd Mrs Jones i ni
erioed oedd 'yr adar mewn cariad'. Ond y cwbl welson
nhw oedd criw o fechgyn Blwyddyn 8 yn chwarae pêl-
droed. Mi fynnodd y tîm ymuno yn y gêm, ac o fewn deg
munud roedd Nyrs Nits wedi sgorio chwe gôl a thorri
tair coes (nid ei choesau hi ei hun, felly). Roedd hi'n rhy
boenus i mi wylio mwy na hynna, felly mi es am dro
rownd y parc cyfagos.

Mi synnech chi faint o Gariad welwch chi mewn parc
– yn enwedig yn yr haf. Dyma be welais i:
• Cariad at anifeiliaid: llwyth o bobl yn mynd â'u cŵn
  am dro.
• Cariad at goed: llwyth o gŵn yn dyfrio coed.
• Cariad at chwaraeon: criw o fechgyn bach yn cicio pêl
  o gwmpas y lle.

Ac mi roedd 'na ddwsinau o bobl yn cerdded o
gwmpas mewn cyplau. Mae cerdded mewn parc – neu
hyd yn oed gae ysgol – yn gallu bod yn rhamantus iawn.
Mae o am ddim, mi allwch chi ddianc rhag eich mêts

124

ysgol, ac os ydi hi'n edrych fel petaech chi ar fin cael eich dal, mi allwch chi guddio y tu ôl i goeden. Ac os ydach chi'n cael eich dal yn gorweddian efo'ch cariad, mi allwch chi wastad ddeud mai torheulo roeddech chi.

I Mewn i'r Dwfn

Dyw pwll nofio, ar y llaw arall, ddim yn lle da i gael cyfarfod rhamantus. Yn enwedig ar gyfer y dêt cyntaf. Y prif reswm am hyn yw nad ydi o'n syniad da i ddarpar-Anwylyd eich gweld yn hanner noeth. Nid bod yn fursennaidd ydw i rŵan (Cyn i chi chwalu'r stafell yn chwilio am eiriadur, *prude* ydi mursen, iawn?) Dwi jest yn digwydd credu nad ydi o'n syniad da i chi droi eu stumogau nhw'n syth bìn. Unwaith maen nhw'n eich caru chi a'ch holl ffaeleddau, iawn, mae croeso i chi dynnu eich dillad, a gadael iddyn nhw weld bod ganddoch chi lond trol o ffaeleddau, ond fawr ddim arall. Pwy a ŵyr, efallai y byddan nhw'n dal i'ch caru chi er gwaetha hyn, ond pam mentro? Ac os ydach chi'n un o'r bobl brin 'ma sydd â chorff perffaith, sy'n gallu nofio fel pysgodyn a phlymio fel aderyn ... gobeithio y cewch chi *verruca*.

Y FI SY 'MA, WIR YR!

125

Swsian yn y Sinema

Mae hyn yn llawer gwell syniad. Mi gawson ni ein plesio'n arw fan hyn. Roedd 'na ddwsinau o gyplau cariadus yn lapswchan yn harti. Roedd hi'n anodd eu gweld, dwi'n cyfaddef, a doedden nhw ddim yn rhy hapus pan ddechreuodd Doctor Doctor fflachio ei lamp yn eu hwynebau, ond mi gawson ni ddigon o ddeunydd ymchwil i'n cadw i fynd. Darganfuwyd bod sawl dull gwahanol o fynd ati mewn sinema. Er enghraifft:

1 'Neis fa'ma, tydi?'

Mae'r cwpl yma efo'i gilydd am y tro cyntaf, mae'n debyg. Maen nhw wedi mynd i weld ffilm maen nhw wirioneddol eisiau ei gweld, ac wedi ymgolli ynddi'n syth. Ond, yn anffodus, pan ddaw'r golau mlaen, maen nhw'n sylweddoli nad ydyn nhw ar eu pennau eu hunain – maen nhw efo'i gilydd!

2 Ddylwn i? Feiddia i? Wnaiff o/hi? Feiddiai o/hi?'

Maen nhw wedi setlo'n braf i mewn i'r ffilm, ond yn sydyn mae o'n sylweddoli efallai y dylai o ddal ei llaw neu rywbeth. Ond sut? A phryd? Sut wnaiff hi ymateb? Fydd hi'n amau ei fod o'n ceisio dwyn ei phwrs hi neu rywbeth?

Mae hi'n sylweddoli efallai y dylen nhw fod yn dal

dwylo neu rywbeth, ond pwy ddylai afael yn llaw pwy? Ddylai hi? Ddylai o? Wnaiff o neidio allan o'i groen os bydd hi'n gafael yn ei law o?

3 *'Nid fy mraich i ydi honna.'*

Mae o eisiau rhoi ei fraich amdani, ond heb fod yn rhy siŵr sut i fynd o'i chwmpas hi. Felly mae o'n llithro ei fraich ar hyd cefn y sedd, gan droi ei ben i ffwrdd ar yr un pryd. Y rheswm am hyn yw, os bydd hi'n neidio allan o'i sedd, neu'n rhoi waldan iddo, bydd yn gallu esgus nad ei fraich o oedd hi. Yn

anffodus, os bydd o'n gweiddi wrth iddi hi suddo ei dannedd i mewn i'w fraich, fydd ganddo ddim coes i sefyll arni. Na braich.

4 *'Haia ...!'*

Mae hi eisiau ei gusanu, ond hefyd am iddo fo gredu mai ei syniad *o* oedd o. Felly mae hi'n gorffwys ei phen ar ei ysgwydd a chlosio ato (sy'n rhoi cric yn ei gwar, ond mae'n gobeithio y bydd o'n werth y boen) – ond be mae o'n ei wneud? Dim. Mae o'n meddwl ei bod hi wedi syrthio i gysgu.

Fe welson ni nifer o gyplau'n reslo gyda'r ddilema a ddylid cusanu neu jest mwynhau'r ffilm (ac ambell gwpl yn reslo go iawn ...) nes i ni gael ein taflu allan. Dwi'n meddwl

bod y rheolwr yn flin efo Doctor Doctor am gropian ar hyd y llawr yn dychryn y cwsmeriaid. Mi geisiodd yntau egluro mai gwyddonydd oedd o, yn gwneud arbrofion ar garpedi sinema. Am ryw reswm, doedden nhw ddim yn ei gredu. Ond, mi fuon ni yno'n ddigon hir i ddarganfod mai ychydig iawn o bobl sy'n gwybod sut i ymddwyn o flaen y sgrin fawr. Tase Kevin Costner yno, mi fyddai o'n dweud wrthyn nhw am wylio'r ffilm. Wedi'r cwbl, mi gymerodd chwe mis a biliynau o ddoleri iddo ei gwneud hi. Y pwynt yw, dyw cusanu eich partner ddim yn orfodol yn y pictiwrs (nac yn unrhyw le arall, erbyn meddwl). Mi allwch chi wylio'r ffilm a chael cwtsh bach yn nes ymlaen. Neu mi allwch chi archwilio tonsils eich gilydd yn y pictiwrs a cheisio dyfalu'n nes ymlaen am be oedd y ffilm yn union. Does yna ddim rheolau caeth. Y darn anoddaf yw ceisio dyfalu be'n union mae eich partner am i chi ei wneud, a'i gael o'n iawn. A bod yn onest, tydi o ddim hyd yn oed yn anodd – mae o'n amhosib!

Bwydo'ch Nwyd

Mae mynd am bryd o fwyd hyd yn oed yn fwy cymhleth na mynd i'r pictiwrs. Os mai dim ond mynd i gael byrgar ydach chi, y cwbl sy'n rhaid i chi boeni amdano ydi cael sôs coch yn diferu i lawr eich crys/top gorau. Neu gael eich gweld gan rywun o'r ysgol. Ond os ydach chi'n mynd amdani mewn tŷ bwyta go iawn, mae'r problemau'n ddiddiwedd. Fyddwch chi'n deall y fwydlen? Fydd 'na ddwsinau o gyllyll a ffyrc i'ch drysu'n rhacs? Os byddwch chi'n bwyta rhywbeth cwbl anghyfarwydd, fyddwch chi'n swp sâl wedyn? Fydd ganddoch chi ddigon o bres? Fyddan nhw'n sylweddoli mai enw eich tad sydd ar y cerdyn credyd? Ddylech chi afael yn llaw eich Anwylyd dros y lliain bwrdd? Os byddwch chi'n gwneud hynny, fyddwch chi'n cnocio'r gannwyll drosodd a rhoi'r lliain ar dân? (Dwi ddim yn gwamalu. Mi lwyddes i i roi'r papur wal ar dân mewn tŷ bwyta Indiaidd un tro. Stori hir.)

Mae'r rhain yn ofnau cwbl naturiol mewn tŷ bwyta diarth. Felly peidiwch â'i wneud o. Gwnewch eich gorau i osgoi mynd i dŷ bwyta crand ar y dêt cynta. Unwaith y byddwch chi'n nabod eich gilydd yn well, mi fyddwch chi'n gallu chwerthin am bethau fel ceisio bwyta cawl efo *chopsticks* neu yrru'r *Steak Tartare* yn ôl oherwydd ei fod o'n amrwd.

Ro'n i a'r tîm wedi gobeithio ymchwilio i mewn i 'Gariad mewn tai bwyta,' ond cyn i mi hyd yn oed dynnu 'nghôt, roedd Nyrs Nits wedi gorfodi un cwpwl i sefyll ar ben eu cadeiriau gyda'u dwylo ar eu pennau oherwydd nad oedden nhw wedi bwyta'r *garnish* efo'u *hors d'oeuvres*. Mi wnaethon nhw geisio egluro nad berw dŵr oedd o, ond y patrwm ar y plât, ond doedd hi'm yn y mŵd i wrando. Beth bynnag, aeth hi'n ffeit, mi alwyd yr heddlu, ac ar ôl sgarmes waedlyd mi gawson ni ein taflu allan. Doeddwn i'm wedi cyffwrdd neb, felly mi ges i lonydd, ond mi gafodd y lleill eu hel i mewn i fan heddlu. Dyna'r tro olaf i mi eu gweld. Ond peidiwch â phoeni, mi wna i dalu mechnïaeth drostyn nhw. Pan enilla i'r Loteri.

Geiriau o gariad

Mae Cariad (fel y rhan fwyaf o bethau) yn datblygu ei iaith ei hun. Dyna i chi enwau, er enghraifft; rhywsut, mae Cariad yn llwyddo i wneud i bobl gall, aeddfed, alw ei gilydd yn enwau hurt. Nid rhywbeth preifat o fewn y pedair wal mo hyn, o nage, (ac mae hynny'n ddigon drwg) – ond maen nhw hefyd yn darlledu'r enwau gwallgo bost 'ma i bedwar ban byd ar y radio ar ddiwrnod Santes Dwynwen a Sant Ffolant. 'Mae Fflopsi'n caru Fflwffen'?! Pam fod pobl yn gwneud hyn? Does wybod. Ond tydi o ddim yn stopio fan'na, ddim o bell ffordd. Mae 'na nifer o frawddegau sy'n rhan annatod o dafodiaith Cariad. Dyma flas o'r rhai mwyaf cyfarwydd:

Hawdd iawn i'w ddweud. Anodd iawn ei brofi.

Dyma ni eto ... faint o weithiau rydach chi wedi clywed rhywun yn dechrau brawddeg gyda: 'Taset ti'n fy ngharu i go iawn ...'? Mae o'n cael ei ddilyn gan rywbeth rydach chi'n gwybod yn iawn na fyddai'r person am ei wneud heb gryn berswâd; rhywbeth nad ydyn nhw'n barod amdano; rhywbeth sydd yn eu barn nhw yn wirioneddol arbennig; rhywbeth maen nhw efallai yn ei gadw ar gyfer adeg neu berson arbennig. A dach chi'n difetha'r holl beth drwy ddweud: 'Taset ti wir yn fy ngharu i ... mi fyddet ti'n mynd â fi i weld Llananobeithiol FC yn chwarae.'

Neu rywbeth. Dach chi uwchlaw y math dan-din yma o lwgrwobrwyo, siawns. Mae'n siŵr bod gan eich partner reswm da iawn dros beidio â bod eisiau gwneud yr hyn rydach chi'n ceisio ei fwlio i'w wneud – a dyna be ydi o yn y bôn, bwlio. Felly gofynnwch i chi eich hun pam fod eich partner ddim eisiau gwneud rhywbeth penodol. Os na allwch chi ddod o hyd i'r ateb, siaradwch efo nhw am y peth – heb golli amynedd, ac yn bendant heb ddeud: 'Taset ti'n fy ngharu i go iawn …'

   Gair pwysig iawn, iawn, iawn yn y dafodiaith garwriaethol. A chredech chi byth, ond mae'n golygu'r un peth yn union ag y mae o ar bob adeg arall. 'Ga i feic, Dad?' 'Na chei.' Be mae hynna'n ei feddwl? Yn hollol. Na fyddwch chi'n cael beic. Iawn, mae'n bosib y cewch chi un ryw dro yn y dyfodol, os gwnewch chi roi'r gorau i fynd 'mlaen a 'mlaen am y peth, ond ddim ar hyn o bryd. Ar y llaw arall, efallai na fyddwch chi byth yn cael beic. Ac mae'r un peth yn wir gyda Chariad. Felly parchwch y gair 'Na'. Peidiwch â mynd 'mlaen a 'mlaen am y peth. O, a peidiwch byth â deud: 'Taset ti'n fy ngharu i go iawn …'

Mae'n edrych fel rhan o fwydlen Tseinieg, neu'n swnio fel diod Eidaleg, ond be mae o'n ei olygu ydi bod y ddau berson wedi ymrwymo i'w gilydd. Nage, nid efo rhaffau. Yn feddyliol. Ond dydi o ddim yn golygu bod un yn berchen ar y llall. Yr hyn sy'n denu pobl at ei gilydd yw eu personoliaethau unigryw. Felly os ydyn nhw'n colli hynny o'r funud maen nhw'n dod yn 'gwpwl', maen nhw wedi colli'r hyn oedd yn eu gwneud yn ddeniadol yn y lle cynta. Cymhleth, tydi?